国家自然科学基金青年项目"环境政策对企业绿色创新的影响
质性企业创新行为视角"(71903013)、中央高校基本科研业务
国钢铁工业污染排放驱动因素分析"(FRF-BR-19-004B) 资

经济管理学术文库·管理类

中国电力消费碳排放和价格调节机制研究

Study on Carbon Emissions of
China Power Industry and Pricing Mechanism

王红霞／著

经济管理出版社
ECONOMY & MANAGEMENT PUBLISHING HOUSE

图书在版编目（CIP）数据

中国电力消费碳排放和价格调节机制研究/王红霞著. —北京：经济管理出版社，2021.6
ISBN 978-7-5096-8075-9

Ⅰ.①中…　Ⅱ.①王…　Ⅲ.①电力工业—消费—二氧化碳—排气—研究—中国　②电力工业—消费—价格—研究—中国　Ⅳ.①F426.61

中国版本图书馆 CIP 数据核字（2021）第 120289 号

组稿编辑：杨　雪
责任编辑：杨　雪　程　笑
责任印制：黄章平
责任校对：陈　颖

出版发行：经济管理出版社
　　　　　（北京市海淀区北蜂窝 8 号中雅大厦 A 座 11 层　100038）
网　　址：www. E-mp. com. cn
电　　话：（010）51915602
印　　刷：唐山昊达印刷有限公司
经　　销：新华书店
开　　本：720mm×1000mm /16
印　　张：10.5
字　　数：176 千字
版　　次：2021 年 8 月第 1 版　　2021 年 8 月第 1 次印刷
书　　号：ISBN 978-7-5096-8075-9
定　　价：65.00 元

前　言

　　为应对全球气候变化，中国于 2010 年签署了《哥本哈根协议》并承诺到
2020 年我国单位国内生产总值二氧化碳排放比 2005 年下降 40%~45%，又于
2014 年与美国签署了《中美气候变化联合声明》，计划 2030 年左右二氧化碳排
放达到峰值且将努力早日达峰。面临严峻的减排目标，中国亟须寻找能够有效减
少二氧化碳排放的途径。电力行业是中国最大的化石燃料消耗和温室气体排放行
业，因此研究电力行业碳排放及减排途径至关重要。随着城镇化水平和家庭收入
水平的提高，家庭电力消费总量及在全社会电力消费中所占的比例将呈现不断增
长的趋势。为了引导居民合理用电、节约用电，提高能源使用效率，中国自 2012
年起调整居民生活用电价格政策，试行居民阶梯电价和居民分时电价。已有文献
针对中国居民阶梯电价方案制定及实施效果进行了广泛研究，而由于缺少实证数
据，关于居民分时电价及实时电价等动态电价的研究较少。本书基于电力消费的
碳排放以及中国家庭电力消费特征分析，引入了有效的价格型需求响应机制，有
利于促成节约型家庭用电模式，对中国实现节能减排目标有重要意义。

　　研究中国电力系统减少碳排放的途径需要准确核算各部门电力消费隐含的碳
排放。本书借鉴已有研究，利用准投入产出模型（QIO）分析电力消费隐含的碳
排放。在此基础上，利用结构分解分析（SDA）模型，分别从全国、区域电网、
特殊省级电网三个层面分析中国电力系统碳排放的关键驱动因素。结果表明，消
费侧因素、发电侧因素以及电力传输结构都会影响电力系统碳排放。

　　为了研究如何减少家庭电力消费导致的碳排放，需要了解家庭电力消费特
征。本研究对中国家庭电力消费特征进行分析，包括家庭电力消费总量、人均电
力消费量的变化趋势、影响家庭电力消费量的因素，以及家庭电力消费的时间

特征。

通过价格调节家庭电力消费的时间模式，进而降低电力消费的峰谷差，有助于降低供电成本、供电能耗及其碳排放。本书对中国 2011～2016 年施行的居民生活用电价格政策进行总结，为进一步研究居民生活用电价格调节政策提供基础。

制定合理的动态价格政策需要基于家庭的电力负荷数据。本书借鉴国外的方法，构建自下而上的家庭电力负荷模型，在此基础上分析不同类型家庭的电力负荷特征，包括可调节负荷和不可调节负荷。掌握家庭电力负荷特征后，利用模拟得到的负荷数据及调研得到的需求响应意向，构建基于 Multi-Agent 实时电价定价模型，充分考虑家庭对动态电价的需求响应的异质性，分析动态电价对其用电量、用电时间和用电成本的影响。最后根据模拟结果确定对家庭成本影响最小、最有利于电力企业节能减排的动态价格调节机制，为价格制定者提供依据。

为了获得动态电价影响研究的基础数据，本书首次将家庭成员的时间利用引入中国家庭电力消费行为研究中，利用问卷调查收集家庭日常活动的时间、日常活动所使用的电器以及电器拥有情况等数据，构建基于家庭 Agent 的电力负荷模型，并以北方地区为例，模拟一个小区 1380 个家庭 24 小时的电力负荷。模拟数据与小区用电负荷实测数据对比的结果表明，基于家庭 Agent 的电力负荷模型可以较准确地模拟家庭电力负荷的峰谷特征，模拟得到的家庭电力负荷数据可以作为动态电价影响研究的基础数据。

在此基础上，本书引入供电智能体的定价决策，充分考虑家庭智能体对分时电价的异质性需求响应，首次利用家庭层面的微观数据，构建基于 Multi-Agent 的分时电价定价模型。该模型综合考虑供电方的错峰平谷目标和用户满意度目标，根据最优化目标确定最优分时电价定价方案。本书还比较了不同分时电价方案的错峰效果，以及对家庭用电成本的影响。结果表明，当家庭的用电负荷属于基本负荷，并且难以转移至低谷时段时，峰谷分时电价的错峰效果有限，最高负荷降低的比例为 0.2%～1.4%。另外，当家庭的峰时用电比例较高时，峰谷分时电价往往会增加家庭的用电成本。为了取得更好的实施效果，需要根据家庭的电力负荷特征，细化峰谷分时电价的时段划分，并确定合理的峰谷电价比。

与分时电价相比，基于成本和供求关系的实时电价是更有效率的定价方式，但是由于缺少实证数据，目前关于实时电价对中国家庭电力消费调节作用的研究较少。本书利用基于家庭 Agent 模型模拟得到的家庭 24 小时电力负荷数据，结合家庭电力需求响应问卷调查结果，构建基于 Multi-Agent 的实时电价定价模型，探索在四种不同需求响应情景下，实时电价机制对家庭电力消费的影响。结果表明，基于成本与电力负荷的实时电价可以影响家庭电力消费模式，达到错峰平谷的效果，也有助于节约家庭总用电量和减少家庭的电费支出。

随着智能电网的普及，不少政策建议可以考虑推广居民实时电价。但是，实时电价对家庭电力消费的调节作用取决于家庭的需求响应程度。本书的家庭问卷调查结果显示，家庭的电力需求响应程度因家庭特征（例如家庭对价格的承受能力、对电价政策的了解和关注程度）和家庭用电活动类型而异。随着家庭的电力需求刚性的增加、家庭的需求响应程度减小，实时电价的错峰效果也依次减弱，最高负荷的平均下降比例由 53% 减少至 5%。

综上所述，为了更好地利用家庭电力需求响应资源，提高动态电价的调节效果，本书提出以下政策建议：首先，可以实施价格补贴等措施推广经济适用的家庭型储能设备，使家庭可以在不调整用电方式的情况下将峰时电力负荷转移至低谷时段，进而在不影响用户用电方式满意度的情况下达到错峰平谷目标；其次，做好实施动态电价前的宣传工作，让更多的家庭了解采用动态电价的好处，了解采用动态电价和改变电力消费行为的节能环保作用，促使更多的家庭选择动态电价并根据价格变化做出需求响应。

本书中部分章节已公开发表，已发表论文合作者已在各章节标注，感谢所有论文合作者的贡献和帮助。本书的撰写得到了方虹、喻雪莹、徐明、梁赛、曲申、张超、王维才老师的大力支持和帮助，深表感激！由于笔者水平有限，书中错误和不足之处在所难免，恳请广大读者批评指正。

王红霞

2021 年 2 月 28 日

目　录

第一章 绪 论

第一节 研究背景及意义

作为世界上增长最迅速的经济体，中国的化石能源消费和温室气体排放增长不可小觑。2013 年，中国超越美国成为世界最大的化石能源消费国（BP，2014）。2012 年，中国排放了全世界 26.4% 的二氧化碳（CO_2），该份额几乎是排名第二的美国（14.1%）和排名第三的欧盟（13.3%）的总和（Olivier 等，2013）。作为缓解国际气候问题的主要义务国之一，中国如何有效控制化石能源消费，抑制碳排放增长，已经成为世界环境资源领域的重要议题。

为应对全球气候变化，中国于 2010 年签署了《哥本哈根协议》并承诺：到 2020 年我国单位国内生产总值二氧化碳排放比 2005 年下降 40%~45%（UNFCCC，2010），于 2014 年又与美国签署了《中美气候变化联合声明》，计划 2030 年二氧化碳排放达到峰值且将努力早日达峰（The White House，2014）。面临严峻的减排目标，中国亟须寻找能够在短期内有效减少能源消耗和二氧化碳排放的途径。

电力行业是中国最大的化石燃料消耗和温室气体排放行业。2014 年，煤炭消费占中国煤炭消费总量的 42% 以上，化石燃料二氧化碳排放占中国二氧化碳排放总量的 52% 以上（World Bank，2017）。因此，中国要想在 2030 年之前达到碳排放峰值，降低电力部门的碳排放至关重要。为了减少电力部门的温室气体排放，有必要揭示影响电力系统温室气体排放变化的关键因素，这可以帮助决策者确定减少温室气体排放的潜在途径和相应措施。

20世纪80年代开始，学者和政策制定者意识到家庭消费对碳排放的贡献不容忽视，他们逐渐将碳减排视角从生产领域的技术革新层面转移到家庭消费领域的消费模式转变层面。已有研究表明家庭成员各项活动引致的能源消费及碳排放在能源消费及碳排放总量中占有较大比重（Schipper 等，1989；Hertwich 和Peters，2009）。中国家庭交通出行和耗能导致的碳排放（包括交通出行，电力消费，取暖，家庭使用的煤、液化气等）对碳排放总量的贡献为20%左右，低于美国等发达国家的比例（Zheng 等，2011）。但是随着人口规模的增长、人均收入水平的提高以及城市化的不断推进，家庭碳排放占碳排放总量的比例将超越现有水平，且很难出现逆转（李治等，2013），而引导和影响家庭消费行为，减少家庭碳排放，是控制碳排放总量的一种可行途径。

那么，哪一类家庭消费活动应得到更多关注？关于家庭能源消费和碳排放的研究明确了对家庭碳排放贡献较大的活动类型。美国的研究表明，家庭耗能和交通出行活动消耗的能源占美国能源消费总量的28%，这两项活动导致的二氧化碳排放量占美国二氧化碳排放总量的41%（Bin 和 Dowlatabadi，2005）。中国家庭碳排放的研究发现，家庭碳排放的三个主要来源是家庭耗能、交通出行和生活垃圾（杜运伟等，2015；李治等，2013；杨选梅等，2010），其中家庭耗能的碳排放占60%左右，而家庭用电占家庭耗能碳排放的75%左右（杜运伟等，2015；李治等，2013；杨选梅等，2010）。因此，研究中国家庭电力消费特征，引入有效的需求响应机制，促成节约型家庭用电模式对中国实现节能减排目标有重要意义。

家庭电力消费包括消费总量和消费时间。目前，关于家庭电力消费的研究大多关注消费总量，如月度或年度耗电总量。有的通过构建函数模型，利用地区年度用电数据或家庭月度用电数据，估计电力需求的价格、收入弹性，以及城镇化等其他因素对电力需求的影响（Halicioglu，2007；Zachariadis 和 Pashourtidou，2007）。有的对模型进一步扩展，分析天气、地理位置、经济发展等外部因素，这些电力消费水平预测研究可以为电力需求侧管理提供依据。为了应对电力短缺，政府及电力部门可通过节能宣传、信息反馈、能源审计、奖励等干预措施来降低电力消费水平（Allcott，2011；Ouyang 和 Hokao，2009）。

降低家庭电力消费水平对于节能减排固然重要，降低或转移峰时负荷对于减少发电企业污染排放也有显著作用。Gilbraith 和 Powers（2013）的研究表明，发电企业污染排放是美国很多市区不能达到国家环境空气质量标准（NAAQS）的原因之一。如果居民夏季峰时负荷降低 1.8%，市区的 NO_x 和 PM2.5 的浓度将显著下降。对于中国来讲，用电负荷率（平均负荷/最大负荷）提高 1%，相应火电机组的供电煤耗下降 4.5~5.0 克/千瓦时（李蒙等，2005），相当于供电煤耗下降 1.4% 左右（火电供电煤耗按 2011 年平均水平 329 克/千瓦时计算）。另外，研究家庭电力消费时间特征（即不同时间的电力负荷），并引入需求响应机制，对于提高电力系统的稳定性，减少电源和电网重复投资，降低总的供电成本，以及减少发电、输电和配电压力也有重要意义（曾勇，2011）。国外学者使用家庭时间利用数据，构建了家庭电力负荷模型，模拟高频家庭电力负荷数据。但是，国内对于家庭电力负荷（电力消费的时间特征）的研究较少。

在了解家庭电力消费特征的基础上，可以制定需求响应政策以调节家庭用电量和用电时间。国内外普遍使用的是价格型需求响应政策，并且现有研究已证实：制定合理的电价政策，可以调节家庭用电模式（即电力需求的时间和数量），实现电力需求的削峰平谷和电能的节约利用；进而提高发电设备的利用效率，减少电力行业的碳排放（Zeng 等，2013）。目前国外已实施的调节性动态电价政策主要包括：分时电价（TOU）、关键峰荷电价（CPP）和实时电价（RTP）。中国于 20 世纪 90 年代引入需求侧管理，并在各省陆续实施了针对大工商业用户的关键峰荷电价、峰谷分时电价、居民阶梯电价与分时电价。但居民用电分时电价政策只有部分省份试行，且实施时间不久，关于中国居民分时电价定价机制的研究比较欠缺；实时电价目前尚未尝试，因此其在居民领域实施后的效果尚未得到深入研究。

分时电价和阶梯电价都能在一定程度上影响家庭用电模式，但也存在相应的问题。关于峰谷分时电价的研究表明：该政策能够在一定程度上起到削峰填谷的作用，同时也降低了部分消费者的用电成本（Torriti，2012；Zeng 等，2013；秦瑞杰和解燕，2006；施建锁，2006；熊虎岗等，2006）；但是，峰谷分时电价提前设定、既定的时段划分使其难以完全适应负荷的灵活变化（Borenstein，2013；殷树刚等，2009）。同时，该政策会刺激谷时的居民电力消费，进而增加电力消费总量（Torriti，2012）。同样，阶梯电价可以在一定程度上促进居民节约用电（Borenstein，2008；Lin 和 Liu，2013；Reiss 和 White，2005；Sun 和 Lin，2013；吴立军和曾繁华，2012），但是也因不同收入阶层电力消费的价格弹性的差异而导致能源消费不平等问题（刘长松，2011）。另外，分时电价和阶梯电价都采用核定制度，不利于资源的有效配置。

电力市场定价机制的市场化有助于减少电力短缺，促进供求平衡（He 等，2014；Ming 等，2013）。从理论上讲，基于成本和供求关系的实时电价（RTP）是最有效率的定价方式。这一理论也为实证研究所证实：RTP 不仅有助于削峰平谷，节约居民用电成本（Darby 和 McKenna，2012；Lujano-Rojas 等，2012；Yoon 等，2014），还可以提高可再生能源电力的比重，促进电力行业减排（Roscoe 和 Ault，2010；Sioshansi，2010；Sioshansi 和 Short，2009）。

随着中国电力行业市场化改革的推进和智能电网的普及，实时电价政策在中国实施将是必然趋势，但是目前国内相关研究较少：国内关于实时电价的研究主要集中在实时电价机制设计，或利用某小区电力总负荷数据，分析实时电价对消费者和供给方福利的影响（He 和 Zhang，2015；曾鸣等，2015），而很少考虑家庭电力消费的异质性，以及不同家庭对实时电价需求响应的差异，因而研究结果与实际未免存在差距。

基于此，本书旨在拓展中国家庭电力消费行为影响因素，从而为政府制定恰当的电价政策提供依据。

电价政策的研究将家庭电力消费的时间特征作为研究对象，借鉴国外自下而上的研究方法（Capasso 等，1994；Muratori 等，2013；Richardson 等，2010；Sandels 等，2014；Widén 等，2009），利用家庭成员的日常活动（时间利用）调查数据，构建中国家庭电力负荷模型，模拟家庭层面的电力负荷数据。在此基础上，模拟各种动态电价政策对中国家庭用电量、用电成本的影响，从而为政府制定恰当的电价政策提供依据。

本书的研究意义主要体现在以下几个方面：

第一，对家庭电力需求理论进行拓展：本书将家庭成员的时间利用引入中国家庭电力消费行为研究，可以从个体微观活动角度分析家庭电力需求的总量和时间特征。

第二，为基于价格的需求响应机制设计提供基础数据：基于价格的需求响应机制设计的基础是家庭电力负荷数据，而记录高频用电数据的智能电表成本较高，目前尚未普及；因此无法获得家庭高频电力负荷数据。另外，即便智能电表可以记录家庭的总用电负荷数据，也难以记录家庭各电器的用电负荷；因而无法了解家庭电力负荷的类型及构成。本书构建的家庭电力负荷模型可以模拟家庭各电器每小时的用电数据，为需求响应机制设计提供基础数据。

第三，本书具有清晰明确的政策指向：本书不仅有助于分析不同类型家庭的电力消费特征，而且结论将明确：对家庭用电成本和用电方式影响最小的分时电价政策，以及实时电价对中国家庭电力消费的调节作用。

第二节　国内外研究现状

我们从电力系统碳排放驱动因素、家庭电力消费特征、基于价格的需求响应、需求响应的影响因素四个方面梳理国内外相关研究。

一、电力系统碳排放驱动因素研究

为了减少电力部门的温室气体排放，有必要揭示影响电力系统温室气体排放变化的关键因素，这有助于决策者确定温室气体减排的潜在途径和相应措施，这些关键因素包括发电侧因素、消费侧因素和输电结构。复杂电网温室气体排放的变化受到各种因素的影响，影响因素包括发电侧因素、消费侧因素和输电结构。现有研究已经揭示了发电侧的关键因素（Liu 等，2017；Yan 等，2016；Zhou 等，2014）。研究发现，能源强度和火力发电燃料结构的变化是 2004~2010 年二氧化碳减排的主要原因（Zhou 等，2014）；非化石燃料发电能力（如水电、核能、风能和太阳能光伏发电）的增加是减少发电二氧化碳排放的另一个因素（Liu 等，2017）。此外，基于这些确定的关键因素，现有的研究提出了各种发电侧减少二氧化碳排放的措施。这些措施大致可分为三类：①通过技术创新提高发电能效

（Zhang 等，2014）；②促进大型发电机组的安装，关闭小型发电机组（Zhang 等，2014）；③通过推广低碳技术降低发电中使用的化石燃料（Hu 等，2010；Hu 等，2011；Xie 等，2012；Yuan 等，2014；Zheng 等，2014）。

除了大多数研究所关注的发电侧因素外，还有两类重要的影响电力系统温室气体排放的关键因素：①驱动发电和相应的二氧化碳排放的消费侧因素（如国内生产总值（GDP）和国内生产总值的电力效率）；②连接发电和电力消费的输电结构。一些研究试图通过复杂电网内的电力流建模来连接发电和消费（Ji 等，2016；Kodra 等，2015；Qu 等，2017；Qu 等，2017；Zhang 等，2017）。这些研究揭示了从发电和电力消费两个角度分析电力系统导致的环境压力的差异。

中国电力行业在过去十年经历了快速转型，各种因素对温室气体排放的贡献随着规模和结构的不同而不断变化，研究复杂电力系统碳排放影响因素的方法也在不断改进。已有研究基于传统的货币投入产出模型探究了中国发电中二氧化碳排放变化的影响因素（Ma 等，2019）。然而，传统的货币投入产出模型不适合描述复杂电网之间的电力流（尤其是输电结构）（Qu 等，2017b）和产品同质性假设（Qu 等，2017b）。传统的货币投入产出理论认为，每个部门以相同的价格将其产品分配给其他部门，每个部门只生产一种产品（即其他部门购买的一个部门的产品全部由该部门生产）。然而，对于复杂电网，各部门通常以不同的价格购买电网的电力。此外，电网的电力流出不仅包括该电网生产的电力，还包括直接或间接从其他电网传输的电力（Qu 等，2017b）。因此，传统的货币投入产出模型不适合刻画复杂电网之间的物理电力流动，现有研究也没有很好地刻画中国电网温室气体排放变化影响因素的贡献。正确量化这些因素（特别是输电结构）的贡献，可以更准确地反映中国电力系统碳排放的动态特征。准投入产出（QIO）模型被认为是刻画复杂电网内电力流（尤其是输电结构）的恰当方法（Qu 等，2017b）。

二、家庭电力消费特征研究

1. 家庭电力消费总量

国内外关于家庭电力需求总量的研究较多，主要集中于分析影响家庭电力需求水平的因素,并采用函数回归模型,利用家庭用电总量数据和家庭特征变量,分析影响家庭用电量的因素,并在此基础上实现对家庭电力需求的预测。家庭电力需求水平的影响因素主要包括:社会经济因素(家庭人口规模、家庭代际结构、年龄和收入)、住房特征因素(住房类型、住房年龄、房间数量、卧室数、楼层、住房面积等)和家用电器因素(厨房电器、热水器、空调、洗衣机、电脑、电视、吸尘器等拥有量,电器使用频率和能耗)(Jones 等,2015)。

首先,家庭人口和经济特征对家庭用电量有显著影响。家庭用电量随家庭人口规模的增加而增加,但家庭人均用电量随人口增加而减少(Kavousian 等,2013;Zhou 和 Teng,2013)。家庭成员年龄对家庭用电量的影响为非线性。米红和任正委(2014)的研究表明家庭中不同年龄人口的增加对人均用电量的影响呈现倒 U 型。一方面,随着家庭儿童数量的增加,家庭电力消费增加(Aydinalp 等,2002)。另一方面,当家庭成员年龄超过一定水平后,家庭用电反而减少,因为年龄大的家庭成员更节俭,该类家庭用电较少(Chen 等,2013a;Kavousian 等,2013)。Chen 等(2013)利用浙江杭州冬、夏两季的家庭调查数据,分析家庭特征及用电行为对取暖和制冷用电的影响,结果表明家庭成员的年龄与空调用电成反比。Kavousian 等(2013)对美国家庭的研究表明,家庭成员年龄在 55 岁以上和 19~35 岁(全职工作)的用电量小。经济特征方面,收入对家庭用电的影响没有统一结论。Chen 等(2013)的研究表明,收入越高的家庭空调用电量越多。同样的,Zhou 和 Teng(2013)对四川省城镇家庭电力消费特征的分析表明,家庭电力需求随家庭收入的增长而增加。但是 Kavousian 等(2013)对美国家庭最大最小用电量的分析表明,收入与电力消费无显著关系。

其次,住房特征对家庭电力消费有显著影响。其中,住房面积与家庭电力消费正相关(Reiss 和 White,2005;Zhou 和 Teng,2013);住房类型影响家庭冬季电力消费,例如公寓的电力消费较少,而别墅的电力消费较多(Kavousian 等,2013)。

此外,家用电器的拥有量和使用频率对家庭电力消费有显著影响(Kavousian 等,2013;Reiss 和 White,2005;Zhou 和 Teng,2013)。电冰箱是决定家庭最小用电量的主要电器,而最大用电量受能耗高、不连续使用的电器影响最大,比如电热水器、烘干机、空调(Kavousian 等,2013)。除此之外,家庭成员住所内活动也是影响家庭电力消费的因素。全国居民能源消费调查表明，取暖、做饭、加热水、家用电器使用和空调使用是家庭能源消费的五项主要活动（Zheng 等，2014）。而每项活动时间长短（即时间利用差异）也会影响家庭用电量（Schipper 等，1989；Torriti，2014a；Widen 和 Wackelgard，2010）。例如，社会经济因素、住房和家用电器因素都相同的情况下，家庭成员每天看电视、个人卫生活动（洗浴等）和家务劳动（做饭、洗衣、室内清洁等）时间长的家庭，用电量可能较多。

2. 家庭电力消费时间特征

家庭电力需求的时间直接影响电力系统负荷，过大的峰谷负荷差会影响电力系统的稳定性，因此家庭电力需求时间也得到国外学者们的广泛关注。关于家庭电力需求时间的研究根据研究方法可以分为两大类（Grandjean 等，2012），如表1-1 所示。

第一类是自上而下的统计分解模型（Deterministic statistical disaggregation models）。其特点是以每小时家庭平均用电总量、家用电器拥有率、住房特征和室内温度要求等为输入数据，建立条件需求分析（CDA）模型，分析各电器每小时用电数据（Aigner 等，1984；Bartels 等，1992），并在此基础上增加情景分析，分析家庭成员行为变化、能源效率改进，社会经济条件变化（如住房面积、家庭收入变化）等不同情况下，各电器每小时用电数据。

第二类是自下而上的模型。第一种是通过构建随机模型，模拟各电器每小时用电量，进而汇总得到家庭每小时用电总量。Yao 和 Steemers（2005）利用各类电器年均用电情况、家用电器拥有率、家庭成员是否在住所内的五种情形、天气数据以及人口数据，构建随机模型（Statistical random models），得到各电器用电数据和家庭用电总量。第二种是概率模型。Paatero 和 Lund（2006）利用家用电器拥有率、电器工作周期、电器待机和启动的概率，构建概率模型（Probabilistic empirical models）。第三种，是基于时间利用的模型（Time of use based models），也是应用最广泛的。为了得到高频居民电力负荷数据，学者们将家庭成员的时间利用数据用于电力负荷预测（Capasso 等，1994；Muratori 等，2013；Richardson 等，2010；Sandels 等，2014；Walker 和 Pokoski，1985；Widen 等，2009；Widén 等，2009；Widén 和 Wäckelgård，2010；Zheng 等，2014）。基于个体时间利用数据的电力负荷可以得到每个家庭成员的用电数据，而不是仅局限于家庭用电（Widén 等，

表 1-1 家庭电力需求分析模型

分类	具体模型	数据输入	模型	数据输出	参考文献
自上而下	统计分解模型	每小时家庭平均用电总量；家用电器拥有率；住房特征；室内温度要求；约束假设	条件需求分析（CDA）模型	各电器每小时用电数据	Aigner 等，1984
		每小时家庭平均用电总量；家用电器拥有率；不同情景（家庭成员行为变化，能源效率改进，社会经济条件变化，如住房面积，家庭收入变化）	DELMOD 模型	不同情景下各电器每小时用电数据	Bartels 等，1992
自下而上	随机模型	各类电器年均用电情况；家用电器拥有率；家庭成员是否在所住所内的五种情形；天气，人口数据	随机数，简化的日用电负荷预测方法	各电器用电数据；家庭用电总量	Yao 和 Steemers，2005
	概率模型	家用电器拥有率；电器工作周期；电器待机和启动的概率	基于经验概率的各电器用电预测模型	各电器用电数据；家庭用电总量	Paatero 和 Lund，2006
	基于时间利用的模型	时间利用数据（家庭成员是否在家，某项活动的倾向性等）；电器拥有率；电器工作周期；电器待机概率及用电量	家庭成员行为模型；电器运行模型	各电器用电数据；电用电总量	Walker 和 Pokoski，1985；Capasso 等，1994；Widén 等，2009a；Widén 和 Wäckelgård，2010；Richardson 等，2010

资料来源：根据 Grandjean 等（2012）的研究整理。

2009b）。Capasso（1994）首次提出自下而上的建模方法，利用家庭问卷调查获得的家用电器、家庭成员及其时间利用信息，构建行为函数（Behavioral function）和工程函数（Engineering function）模拟意大利家庭用电数据。行为函数包括是否在家、各项活动的概率分布（家务劳动、个人卫生、做饭和休闲）、电器使用的概率分布、家庭成员各项活动的倾向性（不同性别、不同年龄）、电器拥有量（与收入、家庭人口规模等因素相关）。工程函数包括电器运行和耗电特征（循环/手动、功率、年平均用电量）、家庭用电限额和新技术采用情况。在此基础上，Paatero 和 Lund（2006）对模型进行简化，利用官方公布的电器拥有信息和消费者统计信息估计出详细的用电数据。虽然简化后的模型没有Capasso 模型那么精确，但是所需的数据量较小。Richardson 等（2008）构建模型将英国时间利用数据转化为家庭成员在住所内活动的概率，同时区分工作日和休息日以及不同人口规模。随后，Richardson 等（2009）利用家庭成员住所内活动的数据和日光照射数据，构建家庭照明用电模型。Richardson 等（2010）利用家用电器拥有数据和英国时间利用调查数据，构建英国家庭用电模型，得到高频家庭电力负荷数据。Widén 等（2009）和 Widén 和 Wäckelgård（2010）采用类似的方法，对瑞典居民用电和用水进行建模。Muratori 等（2013）运用美国的时间利用调查数据（ATUS）对美国家庭的制冷、加热通风和空调（HVA）、照明及与活动相关的用电进行模拟。Sandels 等（2014）运用瑞典的时间利用数据模拟家用电器、家用热水（DHW）和取暖用电。Zheng M. 等（2014）在运用美国的时间利用调查数据（ATUS）模拟家庭 24 小时用电的基础上，研究储能设备对家庭电力需求响应的影响及经济可行性（Zheng 等，2014）。

三、基于价格的需求响应研究

单一的固定电价政策无法应对复杂的社会和环境问题，并且往往会导致电力短缺，甚至电力危机。加州在 2000~2001 年发生电力危机的一个重要原因是未引入需求响应机制（Faruqui 和 George，2002），政府在电力短缺的情况下采取限价政策反而导致电力消费反弹（Reiss 和 White，2008）。2001 年加州电力危机后，电力市场的稳定性问题受到了人们的普遍关注，各国加快了电力市场改革的步伐，电力市场改革从发电侧逐步扩大到需求侧（王冬容，2011），通过制定相关政策减少峰时电力需求或将峰时需求转移至平时或谷时，提高系统设备的利用效率和节约能源。

需求响应是指消费者根据价格信号、激励政策或者系统运营者的指令改变其消费水平或消费模式的行为。依据响应信号的不同，需求响应可分为激励型需求响应和价格型需求响应（王冬容，2011）。激励型主要是直接采用奖励方式引导用户参与各种系统所需要的负荷削减项目，不是直接由价格信号引发的需求响应，因此计量和预测比较困难（王冬容，2010）。价格型需求响应是利用价格信号引导消费者改变其消费行为。动态电价是典型的价格型需求响应政策，主要包括分时电价（Time of Use Pricing，TOU）、关键峰荷电价（Critical Peak Pricing，CPP）和实时电价（Real Time Pricing，RTP）三类。

动态电价作为需求侧管理是基于两个基本原理：一是经济激励（Economic incentives）可以改变家庭电力需求，因此可以通过价格控制家庭电力负荷（Dütschke 和 Paetz，2013）。动态电价的实施对于用户、电网企业、发电企业和社会都有好处。对于用电方而言，将高峰时段用电转移至低谷时段可以降低其用电成本；对于电网企业而言，降低高峰用电负荷可以降低其投资和运行成本，提高电网的稳定性；对发电企业而言，降低峰谷差可以降低调峰成本；对社会而言，降低高峰负荷有助于减少装机容量投资，提高社会资源的配置效率。二是根据信息匮乏（Information deficit）理论，消费者由于无法得到用电信息，因而无法改变用电需求（Hargreaves 等，2010、2013）。如果消费者能获得足够的信息，他们将减少峰时用电量或者调整用电时间。目前很多项目将动态电价信息与其他用电信息同时反馈给消费者，并有一些关于信息和反馈机制作用的研究（Hargreaves 等，2010、2013）。另外，制定电价政策时往往需要考虑福利分配和效率问题，一方面要避免增加低收入家庭的用电成本，另一方面使价格尽可能接近边际成本，提高电力市场效率（Borenstein，2008）。

动态电价的有效性，即动态电价是否能达到错峰或节能的效果、能否提高市场效率，得到学者的广泛关注。下面我们分别梳理三种动态电价实施效果的相关研究。

1. 分时电价

分时电价（TOU）是根据电网负荷特征，将一天划分为若干时段（高峰、平段、低谷），每个时段采用不同的价格，或者根据季节将一年分为两个季节或者多个季节，如中国南方水力发电地区的丰枯电价，北方的采暖与非采暖季电价等（王冬容，2011）。

分时电价于20世纪60年代开始在美国试运行，1975～1981年美国联邦能源管理委员会（FERC）曾资助过16个分时电价示范项目（Faruqui和George，2002）。项目运行结果表明，TOU价格可以起到错峰平谷的作用，实施TOU后峰时用电量减少，而谷时用电量增加（Caves等，1984；Caves和Christensen，1980）。另外，峰时和谷时的交叉替代弹性为-0.14，即当峰谷电价比增加1倍时，峰谷用电量之比将下降14%。但是该替代弹性与家用电器的拥有量相关，拥有主要电器的家庭和没有的家庭的替代弹性分别为-0.21和-0.07（Caves等，1984）。Woo等（2013）研究加拿大一个地区冬季（2007年11月～2008年2月）的需求响应，发现峰谷电价比影响高峰用电量下降的比例，并且负荷控制技术会使错峰效果更明显。峰谷电价比变化1%，在有负荷控制和没有负荷控制的情况下，峰谷用电量比分别变化7%和21%。另外，当峰谷电价比为2∶1时，峰时用电下降2.6%，当峰谷电价比为12∶1时，峰时用电下降9.2%。

我国自20世纪90年代中期开始实施峰谷分时电价制度，刚开始主要针对工业用户。例如，山东电网自1995年起对企业用电实行峰谷分时电价，并且效果显著。实行分时电价后，省电网最高负荷下降100万千瓦，发电机组投资相应减少40亿元（赵娟等，2005）。2003～2005年全国各省电网峰谷差较大，导致用电高峰时段缺电现象严重，各省普遍采用高峰时拉闸限电措施。为了更好地引导电力消费，部分省份将分时电价的实施范围扩大到居民用户。如上海自2001年起对居民用户推行两段式分时电价，峰谷电价比为2∶1（熊虎岗等，2006）；浙江自2001年开始居民分时电价试点；江苏自2003年起居民用户可自愿选择执行峰谷分时电价（赵娟等，2005）。

国内的研究表明，分时电价能在一定程度上影响家庭用电模式，起到削峰填谷的作用，同时也降低了部分消费者的用电成本（Zeng等，2013；秦瑞杰和解燕，2006；施建锁，2006；熊虎岗等，2006）。例如，浙江实行峰谷电价后，用户的平均用电量增长 22%，峰谷用电量差距缩小，峰谷电量比由原来的 85：15 变为 57：43（施建锁，2006）。家庭收入水平会影响峰时用电转移量和转移方式。高收入、中等收入和低收入家庭转移的峰时用电占总用电量的比重依次减小。低收入和中等收入家庭通常将峰时用电转移至夜间低谷时段，以便降低用电成本；高收入家庭只是将峰时用电转移至邻近时段（平段），适当避开最高电价，而不会为了降低用电成本过度改变原有的用电习惯（熊虎岗等，2006）。另外，不同家庭用电时间和用电量不同，峰谷分时电价节约的用电成本也不同，只有当谷时用电量达到一定比例时，才会节约电费（邵伟明，2003）。

以上分析表明，分时电价政策可以起到错峰平谷的效果，但是该政策也存在不足之处。一方面，分时电价仅反映长期峰时边际成本的期望，无法使消费者进一步减少电力需求，而且该政策会刺激谷时的居民电力消费，进而增加电力消费总量（Torriti，2012；秦瑞杰和解燕，2006；施建锁，2006）；另一方面，峰谷分时电价提前设定既定的时段划分使其难以完全适应负荷的灵活变化（Borenstein，2013；殷树刚等，2009）。

2. 关键峰荷电价

关键峰荷电价（CPP）是在平均电价或分时电价的基础上，设置一个关键峰荷期电价。关键峰荷期或由系统紧急情况触发，或由供电公司在批发市场购电的特高电价期触发。分时电价的峰荷时段是相对确定的，但关键峰荷电价期是不确定的。

美国家庭电力消费占其电力消费总量的 1/3，是峰时负荷的主要贡献者（Faruqui 和 Sergici，2010），降低家庭峰时负荷的一个主要措施就是改变家庭用电行为，使其减少或转移峰时负荷（Newsham 和 Bowker，2010）。美国海湾电力公司早在 2000 年就实施了 CPP 电价项目，用来应对夏季高峰用电。回顾有关研究可以发现，CPP 是相对有效的一种政策，它可以通过负荷控制技术自动降低负荷，而不会给消费者带来很大不便。如果不借助负荷控制技术，可以通过向更易做出需求响应的家庭提供支持来降低负荷。CPP 最大可以减少 30% 的峰时负荷，而 TOU 只能降低大约 5% 的负荷（Newsham 和 Bowker，2010）。CPP 之所以有明显的错峰效果有两个主要原因，一是 CPP 的峰谷电价比远高于 TOU，通常是 TOU 峰谷电价比的 3 倍；二是事件发生的频率不同，CPP 事件每年只有有限的几天或几个时间段，家庭消费者更愿意做出积极响应，因为事件过后一切会恢复正常。

而 TOU 要求消费者每天都做出响应，这对于消费者来说比较难做到。

值得注意的是，不同的实验项目、研究方法得出的错峰效果差异较大。Wolak（2006）对加州 Anaheim 市 2005 年的 CPP 项目研究表明，CPP 项目可以减少 12% 的峰时负荷（Wolak，2006）。Herter 等（2007）研究加州的 CPP 项目表明，当居民有终端控制设备时，5 小时和 2 小时的高温 CPP 项目可以分别减少负荷的 25% 和 41%；当居民没有终端控制设备时，5 小时的高温 CPP 项目可以使负荷减少 13% 左右。另外，CPP 项目对家庭电费和用电量的影响因家庭收入水平和用电量不同而不同，在 CPP 价格下，高用电量的家庭与低用电量家庭相比，用电量减少得更显著，但是低用电量家庭年度电费减少得更显著（Herter，2007）。Faruqui 和 Sergici（2010）对 15 个项目的调查表明，CPP 与 TOU 相比，错峰的效果更明显：TOU 可以使峰时用电下降 3%~6%，而 CPP 可以使峰时用电下降 13%~20%。此外，居民电力需求对电价的响应程度取决于价格上升的幅度、是否有中央空调、是否有相关技术可以实现远程控制。虽然 TOU 的错峰效果次于 CPP，但是 TOU 对于降低电价也有不可忽视的作用。经估算，美国峰时用电下降 5% 便可以每年节省 30 亿美元投资（Faruqui 和 Sergici，2010）。

国内自 2005 年开始在部分地区实行了关键峰荷电价。例如，上海、北京、天津、河北、江西、重庆等地区在夏季或冬季用电尖峰时段实行了关键峰荷电价（赵娟等，2005）。2012 年国家财政部以及国家发展与改革委员会联合印发《电力需求侧管理城市综合试点工作中央财政奖励资金管理暂行办法》（财建〔2012〕367 号），对建设电能服务管理平台、实施能效电厂、推广移峰填谷技术，开展电力需求响应和相关科学研究、宣传培训、审核评估等提供奖励资金支持，节约或转移高峰电力负荷每千瓦奖励 100~550 元。同年确定北京市、苏州市、唐山市和佛山市为首批试点城市。关键峰荷电价提高幅度与实施时段的确定随意性较大，定价方法和策略研究相对较少，目前在国内尚未得到广泛实施（高赐威等，2013；杨娟，2012）。

3. 实时电价

实时电价（RTP）每天持续波动，可以直接反映批发市场价格以及日前或实时购电成本，从而可以将零售价格与批发市场价格联动起来。

美国于 20 世纪 80 年代在加州实施第一个 RTP 实验项目，用来测试用户基于价格的需求响应及其对实时电价的接受程度（王冬容，2011）。RTP 早期是作为大型工商业用户的可选择电价机制，后期逐步作为强制性电价机制。美国自 2003 年开始实施第一个居民 RTP 项目（Allcott，2011）。实时电价提高电力市场效率和改善社会福利的作用已得到了实证检验。Borenstein（2005）利用加州独立系统运营商提供的 1999~2003 年各小时的电力需求数据，基于消费者电力需求价格弹性（−0.025，−0.5），模拟在竞争性电力市场中 RTP 政策对长期效率提升的影响。结果表明，RTP 有助于电力部门做出有效容量规划。即使在需求弹性很小的情况下，RTP 政策也可以显著提高效率，而 TOU 政策对效率提升的作用甚微。另外，RTP 可以显著提高社会福利，但是对每个消费者福利的影响较小（Borenstein，2005）。Barbose 等（2004）对美国 2003 年实行 RTP 的 43 个项目进行调查研究，结果表明 RTP 可以使峰时负荷降低 12%~33%。Allcott（2011）对 2003 年美国第一个居民 RTP 项目的研究表明，参与 RTP 项目的家庭，电力需求价格弹性较大，这些家庭往往降低峰时电力消费而不增加谷时电力需求。但是，RTP 给家庭带来的经济效益相对较少。家庭消费者由平均电价转向 RTP 每年可以节约电费约 10 美元，约占电费总支出的 1%~2%（王冬容，2010）。Wolak（2011）对 2008 年美国的一项居民动态电价实验表明，实时电价、关键峰荷电价都会起到错峰平谷的作用。Spees 和 Lave（2008）利用美国宾夕法尼亚—新泽西—马里兰电力市场（Pennsylvania-New Jersey-Maryland，PJM）的数据，建立供给和需求模型，分析实时电价和分时电价政策下消费者和生产者的短期收益。结果表明，在消费者短期做出合理响应的情况下，两种电价不会影响平均价格。RTP 和 TOU 政策下，消费者和生产者剩余之和分别增加 2.8%~4.4% 和 0.6%~1.0%；最大负荷降低的比例分别为 10.4%~17.7% 和 1.1%~2.4%；RTP 政策减少的高峰容量是 TOU 的 7 倍。

同时，RTP 还有助于提高可再生能源发电的比重，例如风电（Roscoe 和 Ault，2010；Sioshansi，2010；Sioshansi 和 Short，2009）。由于风力发电依赖于风的大小，因此风电有很大的不确定性。在储能成本较高的情况下，通过实时电价提高电力需求的波动性，可以提高风电的比例，减少火电装机容量及对应的固定投资（Roscoe 和 Ault，2010）。

另外，基于实时电价的需求响应机制也得到广泛关注。国外学者方面，

Conejo 等（2010）构建实时电价需求响应模型，该模型在最低用电量、最大和最小电力负荷给定的情况下，可以实现消费者的效用最大化。Yousefi（2011）提出复合需求函数（Composite Demand Function，CDF），基于复合需求函数和动态价格弹性建立需求响应（CDR）模型。零售商基于此模型制定实时电价，最优价格取决于零售商（REP）的学习能力和消费者的需求响应。Lujano-Rojas 等（2012）以一个西班牙典型居民为例研究最佳居民负荷管理策略，确定不同电价下居民电器和电动汽车（EV）使用策略。

国内学者方面，很多人对实时电价定价机制进行了研究。He 和 Zhang（2015）研究基于负荷结构、成本结构的四种 RTP 机制：基于成本及负荷定价（Cost-linked price）、边际成本定价（Marginal cost）、基于负荷和边际成本定价、投标定价（Bidding）。四种 RTP 机制对应的消费者满意度依次升高，而边际成本定价机制的社会总盈余最大。曾鸣等（2015）将家庭用电器分为四类，一是与温度控制有关的空调和冰箱；二是有工作周期的电动车、洗衣机、洗碗机等；三是一段时间持续使用的照明设备；四是使用时间与效用有关的电视、电脑等娱乐设备。在考虑家庭储能设备的情况下，构建用电效益优化模型，并结合分布式算法得到实时电价。

四、需求响应的影响因素

基于价格的需求响应对电力市场有很大好处。一方面需求响应可以提高电力市场效率，减少发电装机容量需求；另一方面需求响应有助于平衡可再生能源发电的波动，提高可再生能源发电的比重。但同时也面临各种挑战：一方面需要建立可靠的负荷控制策略和市场框架以充分利用需求响应资源；另一方面由于缺乏实际经验，在评价需求响应资源时往往设定很多假设，例如需求价格弹性为固定值，需求响应是唯一固定的（O Connell 等，2014），而事实上，大多研究表明，消费者对动态电价做出响应，但消费者对价格的响应程度受到多种因素的影响。

首先，电力需求对价格的响应程度取决于价格的设定、消费者所处区域、季节、电器拥有情况（电热水器和空调等）、是否采用电器智能控制技术以及家庭住房特征。只有峰谷电价差足够大时，动态电价带来的经济效益才能激励消费者对价格做出响应（Strbac，2008）。Faruqui 和 George（2005）对 2003～2005 年加州定价试验（Statewide pricing pilot experiment）的研究表明动态电价可以减少峰时居民、中小商业用户和工业用户的用电量。但是需求响应程度因价格、区域、季节、空调拥有情况和其他消费者特征而异。Faruqui 和 Sergici（2010）通过 15 个项目调查问卷，分析居民对 TOU 和 CPP 的响应及影响因素。结果显示，响应的程度取决于价格上升的幅度、是否有中央空调、是否有相关技术可以实现远程控制。Faruqui 和 Sergici（2011）分析 2008~2011 年美国马里兰的动态电价项目，结果表明居民对不同价格政策做出类似响应，并且应用智能控制技术（Enabling technologies）可以增加响应。Thorsnes 等（2012）对新西兰家庭的实验研究表明，家庭住房面积、住所内活动时间、是否有电热水器等影响其对峰谷分时动态电价的响应。Corradi 等（2013）的研究表明，加热用电器的自动负荷控制可以使家庭峰时负荷下降 5%。Dütschke 和 Paetz（2013）加拿大问卷调查和实验研究表明，消费者更喜欢简单的动态电价，并且宣传和智能电器会影响需求响应程度。

其次，消费者的特征如响应意识、态度和实际行为也是影响需求响应的重要因素。消费者采用动态电价存在成本，因为消费者需要时刻关注价格变化并做出响应，这导致消费者不愿意采用动态电价（Faruqui 和 Sergici，2010；Salies，2013）。因此，实时电价项目的成功与否取决于消费者采用实时电价的意愿和改变用电量的能力（Salies，2013）。Bartusch 等（2011）认为增加需求响应对于充分利用瑞典电力系统至关重要，但需求响应项目成功与否取决于消费者的意识、态度和行为改变。Faruqui 等（2013）在美国密歇根动态电价试点进行社会实验，分析居民对动态电价的响应。实验包括四个小组，其中一组居民获得动态电价信息，但是账单是基于固定电价。实验包括两个对照组，其中一组知道自己是在参与动态电价试点，另一组不知道。实验结果表明，消费者对动态电价做出响应，并且对关键峰荷电价的响应与高峰时段折扣（Peak Time Rebates，PTR）的响应相似。另外，仅获得动态电价信息的消费者响应明显低于面临动态电价的消费者。Ito（2014）使用居民面板数据说明消费者对平均价格做出响应，而不是边际价格，这导致非线性电价政策难以实现节能目标。Kowalska-Pyzalska 等（2014）使用基于 Agent 的模型，研究消费者采用动态电价的想法转为实际行动（Actual desicion）的过程。假设消费者的转换决策是基于过去想法的一致性（Unanimity），由于电力零售市场无差异水平高，消费者态度不稳定并经常发生变化，所以问卷调查得到的消费者态度和实际行动存在差距，通过减少无差异水平和缩短决策时间可以缩小态度和行为的差距。

综上所述，动态价格的需求响应效果得到了实证检验（见表1-2），实时电价和关键峰荷电价的平均错峰效果比分时电价明显。但是同一类电价的实施效果受到价格设定、是否采用负荷控制技术、家庭收入、家庭电器拥有情况、消费者态度及项目的宣传程度的影响。另外，三种动态电价各有优缺点。分时电价和关键峰荷电价的实施条件较低，容易得到推广，但是这两种电价的确定采取核定方式、既定的时段划分使其难以完全适应负荷的灵活变化。实时电价有助于促进供求平衡，但对计量设备的要求高。

表1-2　动态电价需求响应比较

动态电价	最早实施时间			错峰效果	影响因素	不足之处	参考文献
	美国	中国工业用电	中国居民用电				
分时电价	1960年	1990年	2001年	1%~2%	价格：峰谷电价比；技术：负荷控制技术；家庭特征：收入水平；家用电器拥有率；宣传；消费者态度	缺乏灵活性	Spees和Lave，2008
				5%			Newsham和Bowker，2010
				3%~6%			Faruqui和Sergici，2010
				3%~9%			Woo等，2013
关键峰荷电价	2000年	2005年	—	12%			Wolak，2006
				13%~20%			Faruqui和Sergici，2010
实时电价	1980年	—	—	12%~33%		对计量设备要求高	Barbose等，2004
				10%~17%			Spees和Lave，2008

五、文献评述

在全球气候变化、环境污染问题加剧的背景下，电力系统碳排放得到国内外学者的普遍关注。家庭用电是家庭碳排放的重要来源，学者们对家庭电力消费进行了广泛而深入的研究。大多数研究通过建立函数模型，寻找影响家庭电力消费水平的因素，并对家庭电力需求进行预测；为降低高峰负荷，减少电力短缺，提高电力系统的稳定性，国外的一些研究转向家庭电力需求的时间特征及需求响应机制。研究方法主要有两类，一类是利用项目实验数据，分析动态电价的错峰效果及对社会福利的影响；另一类是利用个体时间利用调查数据，模拟家庭 24 小时电力负荷，并在此基础上分析分时电价、关键峰荷电价、实时电价等动态电价对家庭电力需求时间和需求量的影响。

我国自 20 世纪 90 年代引入电力需求管理，并陆续在一些地区试行分时电价，国内学者对分时电价的效果进行了研究和评价，认为分时电价政策能够在一定程度上起到削峰填谷的作用，同时也降低了部分消费者的用电成本。随着智能电网的普及，实时电价政策在中国实施将是必然趋势，国内学者也开始研究实时电价定价机制和需求响应。但是，还有几个方面可以进一步拓展：

第一，中国家庭电力负荷特征分析。国内关于家庭电力负荷特征的分析往往以一个地区或小区为单位，较少涉及每个家庭，因而无法制定适用于不同类型家庭的错峰和节能政策。通过分析家庭的电力负荷特征，了解其可调节负荷与不可调节负荷，有助于制定价格型需求响应政策。

第二，动态电价的模拟实验。国内关于实时电价的研究主要集中在实时电价定价机制设计，或利用总体负荷数据分析实时电价对消费者和供给方福利的影响，而未考虑不同类型家庭对动态电价需求响应的差异，以及实时电价对不同家庭用电成本影响的差异。利用家庭电力负荷数据及需求响应特征，构建基于家庭 Agent 的需求响应模型，有助于模拟动态电价的实施效果，为政策制定提供依据。

第三节　研究内容方法及技术路线

一、研究的主要内容

研究中国家庭电力消费特征，引入有效的价格型需求响应机制，促成节约型家庭用电模式对中国实现节能减排目标有重要意义。本书的具体研究框架如图 1-1 所示。

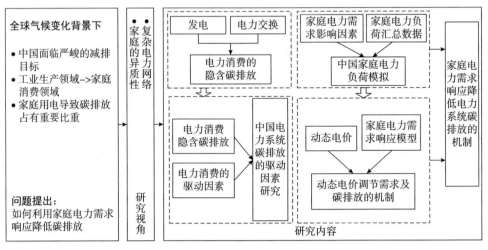

图 1-1　本书研究框架

在全球气候变化背景下，中国面临严峻的减排目标。为了实现减排目标，研究视角需要从工业生产领域转向家庭消费领域。由于家庭用电导致的碳排放在电力系统碳排放中占有重要比重，因此如何利用家庭电力需求响应降低碳排放量是问题的关键。中国电力系统碳排放驱动因素的研究，首先利用准投入产出模型（QIO），分析电力消费隐含的碳排放；其次，利用电力消费隐含碳排放数据分析中国电力系统碳排放的驱动因素。

对于家庭电力需求响应的研究，根据家庭电力需求影响因素，以及家庭电力负荷汇总数据，模拟中国家庭电力负荷。

掌握家庭电力负荷特征后，利用模拟得到的负荷数据及调研得到的需求响应意向，构建家庭电力需求响应模型，根据模拟结果，确定对家庭成本影响最小、最有利于电力系统节能减排的动态价格调节机制，为价格制定者提供依据。

根据以上研究框架，本书的具体研究内容包括以下九个部分（见图 1-2）。第一章为绪论，介绍研究背景及研究现状；第二章利用 QIO 模型分析中国电力消费隐含碳排放；第三章构建 QIO-SDA 模型，分析中国电力系统碳排放的驱动因素；第四章分析中国家庭电力消费特征；第五章梳理中国居民生活用电价格政策；第六章设计家庭调查问卷，并根据问卷结果构建基于家庭 Agent 模型，模拟家庭电力负荷；第七章研究基于 Multi-Agent 的分时电价定价模型；第八章基于 Multi-Agent 模型分析实时电价对家庭电力消费的影响；第九章进行总结和展望。

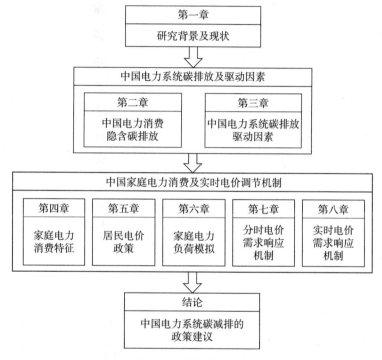

图 1-2　本书研究内容

二、研究方法

1. 文献研究法

本书系统地收集、整理家庭电力消费及电价政策研究的已有文献，并通过对文献的归纳与提炼，掌握有关电价政策的研究动态，了解已取得的成果、关键问题已解决的程度与尚待解决的难点、未来发展的趋势等，并在完成文献综述的基础上提出文章研究框架。

2. 问卷调查法

本书通过问卷获得关于家庭成员基本信息、时间利用、节能态度、节能行为和需求响应的数据，一方面为家庭电力负荷模型的构建提供基础数据，另一方面为需求响应模型的设定提供依据。为了保证问卷调查结果的准确性和科学性，确保调查的结果可信与有效，本书对所设计的问卷进行预调研，并相应修改问卷，使问卷容易被理解，以便被调查者可以做出相应的回答。

出于数据可得性的考虑，本书选取山西省某城市为采样地点，并提前与当地电业局和小区的物业公司取得联系，在用电数据采集和逐户调查阶段得到他们的协助和支持。另外，为了充分考虑收入水平对家庭电力消费的影响，选取房价不同的小区作为抽样框。在选定的抽样框中，采取随机数的方式随机选取 250 户家庭进行抽样调查。

3. 基于智能体的模拟方法

随着人们对系统复杂性的认识，基于智能体的模拟方法（Agent Based Simulation，ABS）被广泛应用于社会经济系统的研究中，它的主要特点是以具有独立行为能力的 Agent 为基本单元。Agent 一般具有自治性、自适应性、面向目标性、反应性以及可通信性五个特征，即可以控制自己的行为，能根据经验调整自己的行为，具有目标导向，能根据环境变化做出决策，并能与其他 Agent 交流信息（徐敏杰，2008；徐敏杰和胡兆光，2011）。

ABS 被广泛应用在电力市场研究中。Bower 和 Bunn（2000）基于 Multi-Agent 模型模拟英国电力市场，分析电力市场的有效性。Bunn 和 Oliveira（2001）研究英国实施新的电力交易机制后，发电商和售电商的策略。美国的 Argonne 国家实验室利用 ABS 开发了电力市场复杂适应系统模型（EMCAS）（Conzelmann 等，2005）。康重庆等（2005）利用 ABS 模拟电力市场，引入个体信念学习思想，研究电力市场演化规律。徐敏杰和胡兆光（2011）运用 Multi-Agent 技术模拟经济政策对电力消费影响，分析税收、居民和政府支出变化对电力消费的影响。

4. 情景分析法

动态电价政策存在多种情况，在制定的过程中需要考虑多方面因素的影响，包括家庭的收入水平、价格承受能力等。因此，为了得到最优的动态电价定价机制，本书设定不同的情景，并比较分析不同情景下价格政策对供给商和消费者的影响。

三、技术路线

对于中国电力系统碳排放驱动因素的研究，本书首先构建准投入产出模型（QIO），分析电力消费隐含的碳排放；其次将 QIO 与结构分解分析（SDA）模型结合，构建 QIO-SDA 模型，分析基于消费碳排放变化的关键驱动因素。

对于家庭电力消费需求响应的模拟，本书采用基于 Agent 建模并进行模拟实验的方法，研究各种动态电价政策对家庭消费者、供电方的影响。一方面，将时间利用引入家庭电力消费研究，试图对家庭电力需求模型进行扩充，并为动态电价研究提供基础数据。另一方面，本书拟采用基于 Multi-Agent 的建模方法，充分考虑家庭消费者和供电企业的相互影响和决策过程，最终确定对家庭电力消费成本影响最小、最有利于电力行业节能减排的动态电价。本书的技术路线如图 1-3 所示。

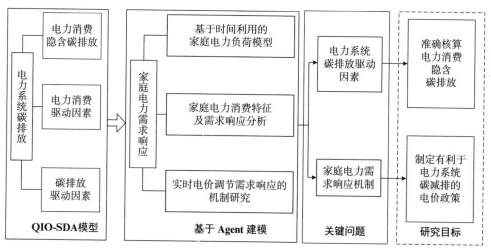

图 1-3　本书的技术路线

本研究的目标是准确核算电力系统隐含碳排放量，并在此基础上制定有利于电力系统减少碳排放的电价政策。为实现这些目标，需要解决两个关键问题：一是研究电力系统碳排放的驱动因素，二是研究家庭电力需求响应机制。解决以上两个问题的步骤如下：

第一步，构建 QIO-SDA 模型分析中国电力系统碳排放的驱动因素。

第二步，进行基于 Agent 模拟实验。构建基于时间利用的家庭电力负荷模型，模拟家庭高频负荷数据，并对模型进行检验和校准；利用家庭用电实际数据和电力负荷模拟数据，分析家庭的电力负荷特征和需求响应，为构建需求响应模型提供依据。基于 Multi-Agent 模拟分析动态电价对供电企业和家庭消费者的影响。最后，在比较各种动态电价错峰平谷及节能减排效果的基础上，形成可供价格制定者参考的政策建议。

第二章 中国电力消费隐含碳排放[①]

电力已成为我国各行业的重要能源，电力生产的持续增长导致化石燃料的过度消耗。根据中国国家统计局的统计，2014年电力和热力供应部门使用的煤炭占煤炭消费总量的40%以上。另外，电力系统的碳排放在各行业的碳排放中占的比重最大。世界银行2017年的统计数据显示，中国电力系统的碳排放在化石燃料燃烧导致的碳排放中所占的比重超过50%。研究中国电力生产导致的碳排放以及电力消费隐含的碳排放，对于中国实现节能减排目标有重要意义。本章首先分析发电导致的碳排放，其次构建准投入产出（QIO）模型分析电力消费隐含的碳排放量，最后提出通过消费侧控制电力消费和碳排放的政策建议。

第一节 中国发电导致的碳排放

2008~2015年，发电产生的温室气体排放从28亿吨二氧化碳当量（CO_2-e）增加到39亿吨，发电量排前10的电网约占中国总发电量的60%（见图2-1）。由图2-1可以看出，山东和内蒙古是中国发电量最大的两个省，2015年的发电量分别占全国总发电量的10.2%和10.1%。

图2-2汇总了2008~2015年（以2008年为基准）中国GDP增长率、发电量增长率以及发电导致的温室气体排放增长率。2008年，中国实施了四万亿元

① 本章内容已发表，具体请参见 Hongxia Wang, Weicai Wang, Sai Liang, Chao Zhang, Shen Qu, Yuhan Liang, Yumeng Li, Ming Xu, Zhifeng Yang. Determinants of Greenhouse Gas Emissions from Interconnected Grids in China [J]. Environmental Science & Technology, 2019, 53（3）：1432-1440.

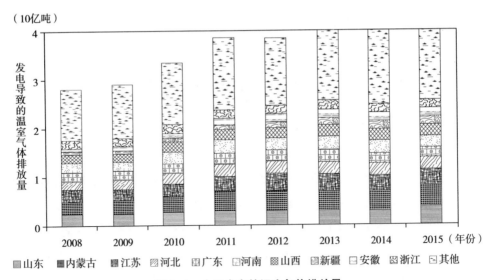

图 2-1　中国发电的温室气体排放量

注：具体数据参见附表 2。

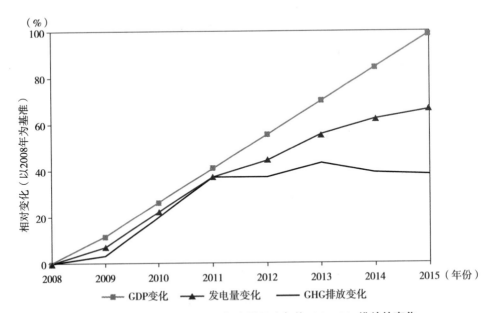

图 2-2　GDP、发电量以及相应的温室气体（GHG）排放的变化

注：具体数据参见附表 3。

的经济刺激计划，以帮助中国实现全球金融危机后的经济复苏。这一政策促进了 2009~2011 年 GDP、发电量和温室气体排放的快速增长（见图 2-2）。我们观察到 2011 年后两个脱钩趋势：首先，发电导致的温室气体排放增长率低于发电量的增长率，因此发电的温室气体排放量与发电量脱钩；其次，发电量与 GDP 增长脱钩，发电量的增长率低于 GDP 的增长率。详细数据参见附表 3。

第二节　模型及数据

复杂交互电网的温室气体排放变化受发电侧、消费侧以及输电结构等多种因素变化的影响。过去 10 年，中国电力行业经历了快速转型，各种因素对温室气体排放的贡献随着规模和结构因素的不同而变化。然而，现有的研究往往忽略了物理输电结构这一重要因素。本书特别关注输电结构变化的影响，以及电力消费隐含的碳排放。

一、QIO 模型

我们注意到，已有研究是基于传统的货币投入产出模型，考察了中国发电过程中 CO_2 排放变化的影响因素。然而，传统的货币投入产出模型不适用于描述复杂电网间的电力交换（尤其是输电结构），准投入产出（QIO）模型是跟踪复杂交互电网中电力物理流动（特别是输电结构）比较合适的方法（Qu 等，2017）。本章采用 Qu 等（2017）提出的 QIO 模型来模拟发电及后续排放、输电、用电过程。复杂交互电网的准投入产出数据如表 2-1 所示。

表 2-1 中的电网同时扮演发电者和用电者的角色。第 i 个电网的发电量和消耗量分别记为 p_i 和 c_i。从 i 电网到 j 电网的电流记为 T_{ij}。i 电网总进电量记为 x_i，它等于其他电网输送的电力加上自己生产的电力（即为第 i 列的所有值之和）。另外，第 i 电网的总输出电量等于第 i 行各数值之和，第 i 电网的总进电量等于

第 i 列所有值之和。

表 2-1 复杂电网的准投入产出表

		电力输出						电力消费	总流出量
		Grid 1	Grid 2	Grid 3	...	Grid $n-1$	Grid n		
电力输入	Grid 1	0	T_{12}	T_{13}	...	T_{1n-1}	T_{1n}	c_1	x_1
	Grid 2	T_{21}	0	T_{23}	...	T_{2n-1}	T_{2n}	c_2	x_2
	Grid 3	T_{31}	T_{32}	0	...	T_{3n-1}	T_{3n}	c_3	x_3
	⋮	⋮	⋮	⋮	⋮	⋮	⋮	⋮	⋮
	Grid $n-1$	$T_{n-1\,1}$	$T_{n-1\,2}$	$T_{n-1\,3}$	...	0	$T_{n-1\,n}$	c_{n-1}	x_{n-1}
	Grid n	T_{n1}	T_{n2}	T_{n3}	...	$T_{n\,n-1}$	0	c_n	x_n
发电量		p_1	p_2	p_3	...	p_{n-1}	p_n		
总流入量		x_1	x_2	x_3	...	x_{n-1}	x_n		

基于 QIO 表和投入产出理论，可以推导出 QIO 模型。QIO 模型（包括准 Leontief 模型和准 Ghosh 模型）描述了各电网和整个复杂交互电网的进出电量平衡关系。准 Leontief 模型可以核算各电网或区域的用电量引起的电力系统的排放。交互电网总排放可由各电网总流入电力的排放因子（f）乘以各电网用电量（c）来计算，如式（2-1）所示。

$$e^c = f\hat{c} = f^G T \hat{c} = f^G (WL)\,\hat{c} = f^G (W(I-A)^{-1})\,\hat{c} \qquad (2\text{-}1)$$

其中，行向量 e^c、f 和 f^G 分别代表电力消费隐含的碳排放、总流入电力的排放因子以及发电排放因子。符号 $\hat{c}$ 表示电力消费量的对角矩阵。符号 T 表示电力传输矩阵，它记录的是电力在交互电网之间的流动，而不是在不同部门之间转移的经济价值。它是由加权矩阵 W 和总流入需求矩阵（称为准 Leontief 逆）$L=(I-A)^{-1}$ 计算出来的。W 是一个对角矩阵，每个元素描述的电网的发电（p_i）占总流入电量（x_i）的比例。L 矩阵的元素 l_{ij} 代表 j 电网所需的电力，直接和间接地导致 i 电网的电力生产和输出。矩阵 I 是单位矩阵，矩阵 A 是直接流入需求矩阵。矩阵 A 中的元素 a_{ij} 表示的是从 i 电网到 j 电网的电流（T_{ij}）占 j 电网总流入电量（x_j）的比例。矩阵 A 的对角元素是 0。矩阵 W 和 A 的形式如下所示。

$$
W = \begin{bmatrix} \dfrac{p_1}{x_1} & 0 & \cdots & 0 \\[2ex] 0 & \dfrac{p_2}{x_2} & \cdots & 0 \\[1ex] \vdots & \vdots & \ddots & \vdots \\[1ex] 0 & \cdots & 0 & \dfrac{p_n}{x_n} \end{bmatrix}, A = \begin{bmatrix} 0 & \dfrac{T_{12}}{x_2} & \cdots & \dfrac{T_{1n}}{x_n} \\[2ex] \dfrac{T_{21}}{x_1} & 0 & \cdots & \dfrac{T_{2n}}{x_n} \\[1ex] \vdots & \vdots & \ddots & \vdots \\[1ex] \dfrac{T_{n1}}{x_1} & \cdots & \dfrac{T_{n(n-1)}}{x_{n-1}} & 0 \end{bmatrix}
$$

二、数据来源

本书的中国交互电网覆盖了 30 个省级电网，电网使用的化石燃料包括 22 种。西藏、台湾、香港和澳门的电网没有涵盖在本书中，主要是由于缺乏数据。本书考虑的温室气体排放包括 CO_2、CH_4 和 N_2O 排放。根据电力传输数据的可获得性，本书研究期间为 2008~2015 年。

本书需要四类数据：各电网发电使用的能源、各电网发电量、电网间输电数据和各电网的用电数据。本书根据燃料燃烧和温室气体排放因子计算各电网发电的温室气体排放量。其中，火力发电燃料数据来源于《中国能源统计年鉴》，22 种能源的温室气体排放因子来自世界资源研究所（World Resources Institute，WRI），各省的发电量和用电量数据来自《中国电力年鉴》，跨网输电数据来源于中国电力工业协会。由于电网层面的输电损失数据无法获得，因此本书不考虑输电损耗。2014 年中国电力系统平均输电损失率在 6% 左右，为了消除较小的统计差异（每个电网小于 5%），每个电网的用电量数据都是根据进出电量的能量平衡来计算的。也就是说，流入电网的总电量等于本地发电量加上从其他电网输入的电量；从电网流出的总电量等于当地用电量加上输往其他电网的电量。

第三节 结果分析

我们利用 QIO 模型可以计算各省电网基于消费的温室气体排放量，进而与基于生产的温室气体排放量进行对比。图 2-3 对比了 2015 年基于生产的温室气体排放（Generation-based）与基于消费的温室气体排放（Consumption-based），详细数据见附表 4。我们可以观察到，电力的交互传输导致基于生产的和基于消费的温室气体排放存在明显差异。

（百万吨二氧化碳当量）

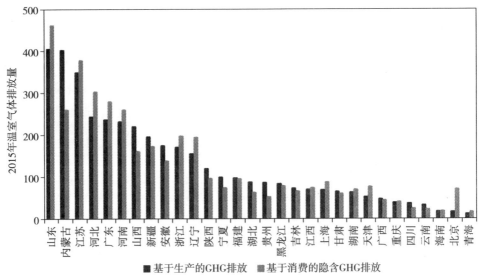

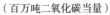

图 2-3 2015 年各省基于生产的 GHG 排放和基于消费的隐含 GHG 排放

注：具体数据参见附表 4。

由图 2-3 可以看出，山东、江苏、河北、广东、河南、浙江、辽宁等电力净输入省的基于消费的温室气体排放量高于其基于生产的温室气体排放量。例如，2015 年，河北省和辽宁省基于消费的温室气体排放量分别比基于生产的温室气体排放量高 24% 和 25%。同时，上海、天津、北京和重庆 4 个直辖市也存在相同情况。例如，2015 年，对北京来说，基于消费的温室气体排放量大约是其基于生产的温室气体排放量的四倍。上海和天津基于消费的温室气体排放量分别比基于生产的温室气体排放量高出 27% 和 46%。

相比之下，内蒙古、山西、新疆和安徽等电力净出口省份基于生产的温室气体排放量要高于基于消费的温室气体排放量。例如，2015 年内蒙古和山西基于生产的温室气体排放分别比基于消费的温室气体排放高出 54% 和 37%。这些省份是中国其他地区的主要电力输出地。

同时，本书还调查了内蒙古和山东两个发电规模最大电网基于生产和基于消费的温室气体排放的差异（见图 2-4），详细数据见附表 5。2008~2015 年内蒙古和山东基于生产的和基于消费的温室气体排放量的差异总体呈扩大趋势，2012 ~2013 年略有缩小。2008~2015 年，特别是 2011~2013 年，两者差异明显。

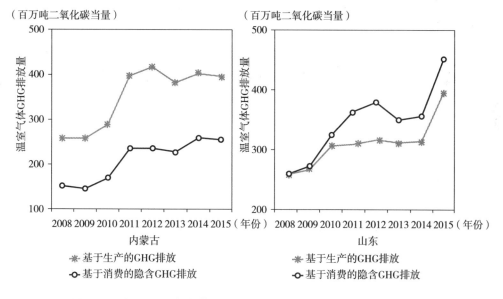

图 2-4 2008~2015 年内蒙古和山东基于生产和基于消费的 GHG 排放

注：具体数据参见附表 5。

此外，本书还进一步分析了输入和输出电力的电网，以研究哪些地区的电力消费推动了特定电网发电的温室气体排放。例如，位于中国东北地区的内蒙古是最大的电力生产和出口省，由附表 2 可见 2008~2015 年，其发电产生的温室气体排放增加了 1.37 亿吨。内蒙古电力的主要消费者包括辽宁、北京、山西和天津，这些省市是内蒙古电力的主要进口省市。这些电力进口省市对这一增幅的贡献分别为 15%、8%、4% 和 2%。此外，山西在中国北方也是一个电力生产和出口大省。2008~2015 年，其基于生产的温室气体排放增长主要是由河北（占 28%）、河南（10%）和山东（7%）的用电量增长推动的。

本章小结

上述研究结果表明，我们有必要对电网间电力传输隐含的温室气体排放进行研究。基于生产的温室气体排放计算结果可以用来识别"生产热点"电网，对于这些电网实施生产侧的控制措施，如使用低碳能源和提高发电的热效率。基于消费的温室气体排放计算结果可以识别"消费热点"电网，对于这些电网实施消费侧控制措施，如提高电力最终使用效率。

第三章　中国电力系统碳排放驱动因素[①]

本章利用基于 QIO 模型的结构分解分析（SDA）来研究各因素变化对电力系统碳排放的影响，尤其是输电结构的变化对电力系统碳排放的影响。

第一节　碳排放的三大驱动因素

发电侧是电力系统温室气体排放变化的关键因素之一。已有研究发现，2004~2010 年，火力发电的能源强度和燃料结构的变化是二氧化碳减排的主要原因；扩大非化石燃料发电能力（如水电、核能、风能和太阳能光伏发电）是减少发电产生的二氧化碳排放的另一个因素。此外，基于这些确定的关键因素，现有研究提出了各种发电侧控制措施来减少二氧化碳排放。这些措施大致可以分为三类：①通过技术创新提高发电的能效；②推进大型发电机组的建设，淘汰小型电站；③通过推广低碳电力技术，减少化石燃料在发电中的使用。

除了发电侧的因素，还有另外两个类别的关键因素影响电力系统的温室气体排放。一方面是消费侧的因素（例如，国内生产总值（GDP）的用电效率和 GDP 总量的增加）驱动发电量增加和间接二氧化碳排放；另一方面是连接发电和用电的输电结构。一些研究试图通过在交互电网中建立电力传输模型来连接发电和消费，揭示了在特定的时间点从产生和消费方面解释的环境压力存在较大

---

① 本章内容已发表，具体请参见 Hongxia Wang, Weicai Wang, Sai Liang, Chao Zhang, Shen Qu, Yuhan Liang, Yumeng Li, Ming Xu, Zhifeng Yang. Determinants of Greenhouse Gas Emissions from Interconnected Grids in China [J]. Environmental Science & Technology, 2019, 53 (3)：1432-1440.

差异。

因此,复杂交互电网的碳排放变化受发电侧、消费侧以及输电结构等多种因素变化的影响。正确量化这些因素(尤其是输电结构)的贡献,可以更准确地反映中国电力系统的动态特性。

第二节　模型及数据

一、QIO-SDA 模型

结构分解分析(SDA)模型被广泛用于研究结构变化对资源使用和二氧化碳排放的影响。例如,学者们使用 SDA 分析了一个区域的产业结构、家庭生活方式和贸易结构的变化对 CO_2 和污染物排放变化的影响(Baiocchi 和 Minx,2010;Feng 等,2015;Liang 等,2014;Liang 等,2016;Liu 和 Liang,2017;Minx 等,2011;Peters 等,2007;Wei 等,2017)。此外,SDA 还被用于调查生产结构和最终需求结构的变化对用水(Guan 等,2014)和原材料消费(Wang 等,2014)的影响,此外,将 SDA 与多区域投入产出模型相结合,可以揭示影响全球 CO_2 排放的经济结构因素(Wang 等,2017)。除 SDA 外,指数分解分析(IDA)方法(如 Logarithmic Mean Divisia Index,LMDI)也可用于研究影响资源利用变化和二氧化碳排放的因素(Liu 等,2007;Roman-Collado 和 Colinet,2018;Shrestha 等,2009;Tajudeen 等,2018;Xu 等,2015)。然而,IDA 不能揭示结构性因素(如本书中的输电结构)的贡献,而 SDA 可以解决这一问题。

本书使用 QIO-SDA 来分析交互电网中影响温室气体排放的六个因素的相对贡献。具体包括火力发电的燃料投入结构(即各种燃料投入在发电总燃料投入中所占比重)、火力发电的能效、火力发电占总发电量的比重、输电结构、GDP 的用电效率、GDP。

我们将式(2-1)中发电的直接排放因子 f^G 和电力消费矩阵 $\hat{c}$ 分别分解为式

（3-1）和式（3-2），得出：

$$f^G = EF \times Es \times diag(eff) \times diag(ps) \tag{3-1}$$

$$\hat{c} = diag(GDP) \times diag(GDPeff) \tag{3-2}$$

其中，发电的直接排放主要来自火力发电厂。因此，将行向量f^G分解为火力发电在发电总量中所占的比重（ps）、火力发电的能源强度（eff）、火力发电的燃料结构（Es）、燃料的排放因子（EF）。将用电量$\hat{c}$分解为 GDP 和 GDP 的用电效率$GDPeff$（利用 GDP 的用电效率的倒数来计算$GDPeff$）。

利用式（2-1）、式（3-1）和式（3-2）可以得到式（3-3）：

$$e^C = EF \times Es \times diag(eff) \times diag(ps) \times T \times diag(GDP) \times diag(GDPeff)$$

$$1 \times 22 \quad 22 \times 30 \quad 30 \times 30 \quad\quad 30 \times 30 \quad 30 \times 30 \quad\quad 30 \times 30 \quad\quad 30 \times 30$$

$$\tag{3-3}$$

本书的中国电网覆盖了 30 个省级电网，这些电网发电使用 22 种化石燃料。分解因子的单位如表 3-1 所示。

表 3-1　各因子的解释及单位

因子	描述	单位
EF	燃料排放因子	吨二氧化碳当量/吨标煤
Es	火力发电的能源结构	百分比
eff	火力发电的能源强度	吨标煤/兆瓦时
ps	火力发电在总发电量中所占比重	百分比
T	电力传输结构	
GDP	国内生产总值	亿元
$GDPeff$	GDP 用电效率的倒数	兆瓦时/亿元

式（3-3）的分解形式如式（3-4）所示。

$$\Delta e^C = EF \times \Delta Es \times diag(eff) \times diag(ps) \times T \times diag(GDP) \times diag(GDPeff) +$$

$$EF \times Es \times \Delta diag(eff) \times diag(ps) \times T \times diag(GDP) \times diag(GDPeff) +$$

$$EF \times Es \times diag(eff) \times \Delta diag(ps) \times T \times diag(GDP) \times diag(GDPeff) +$$

$$EF \times Es \times diag(eff) \times diag(ps) \times \Delta T \times diag(GDP) \times diag(GDPeff) +$$

$$EF \times Es \times diag(eff) \times diag(ps) \times T \times \Delta diag(GDP) \times diag(GDPeff) +$$

$$EF \times Es \times diag(eff) \times diag(ps) \times T \times diag(GDP) \times \Delta diag(GDPeff) \quad (3-4)$$

式（3-4）的右侧为六个因素对电网基于消费的 GHG 排放变化（Δe^c）的相对贡献，具体包括：发电的燃料组合变化 ΔEs，发电的能效变化 $\Delta diag(eff)$，火力发电占发电总量比例的变化 $\Delta diag(ps)$，输电结构变化 ΔT，GDP 变化 $\Delta diag(GDP)$，GDP 的用电效率变化 $\Delta diag(GDPeff)$。

当有 n 个分解因子时，就有 $n!$ 种分解形式（Dietzenbacher 和 Los，1998）。这就是 SDA 的非唯一性问题。和已有研究一样，本书取所有可能的一阶分解的平均值（Liang 等，2013；Liang 等，2014；Liang 等，2016；Liang 和 Zhang，2011；Wang 等，2013）。

二、数据来源

本书的中国交互电网覆盖了 30 个省级电网，电网使用的化石燃料包括 22 种。西藏、台湾、香港和澳门的电网没有涵盖在本书中，主要是由于缺乏数据。本书考虑的温室气体排放包括二氧化碳、CH_4 和 N_2O 排放。根据电力传输数据的可获得性，本书研究期间为 2008~2015 年。

本书需要四类数据：各电网发电使用的能源、各电网发电量、电网间输电数据、各电网的用电数据。本书根据燃料燃烧和温室气体排放因子计算各电网发电的温室气体排放量。其中，火力发电燃料数据来源于《中国能源统计年鉴》，22 种能源的温室气体排放因子来自世界资源研究所（World Resources Institute，WRI）2013 年的数据，各省的发电量和用电量数据来自《中国电力年鉴》，跨网输电数据来源于中国电力工业协会。由于电网层面的输电损失数据无法获得，因此本书不考虑输电损耗。2014 年中国电力系统平均输电损失率在 6% 左右，为了消除较小的统计差异（每个电网小于 5%），每个电网的用电量数据都是根据进出电量的能量平衡来计算的。也就是说，流入电网的总电量等于本地发电量加上从其他电网输入的电量。从电网流出的总电量等于当地用电量加上输往其他电网的电量。各省 GDP 数据来源于《中国统计年鉴》，所有 GDP 数据以 2008 年不变价格折算。

第三节　结果分析

一、全国整体分析

图 3-1 显示了 2008~2015 年中国交互电网中 6 个因素对温室气体排放变化的相对贡献。可以看出，GDP 增长是 2008~2015 年温室气体排放增加的主要驱动力。相比之下，GDP 的电力效率提高、火力发电的能源效率提高，以及化石燃料为基础的电力所占比例的下降（即电力结构的改善）是抵消 2008~2015 年温室气体排放增量的主要因素。

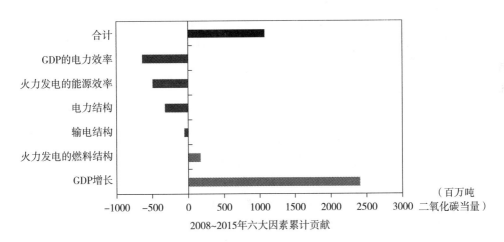

图 3-1　2008~2015 年中国电力系统 GHG 排放驱动因素的累计贡献

注：具体数据参见附表6。

其中，国内生产总值的电力效率提高了 20%。2008~2015 年，中国发电总量和单位火电能耗分别下降 9% 和 13%。这些变化帮助抵消了 2008~2015 年中国电网的温室气体增量。此外，还可以观察到，2008~2015 年输电结构的变化略微抵消了温室气体排放，但与其他因素相比，其贡献相当小。

值得注意的是，2008~2015 年，火力发电的燃料结构变化轻微地推动了中国电网的温室气体排放增量。虽然一些电网一直在用低碳的替代燃料（如天然气）替代原煤，但在 2008~2015 年，高碳排放强度燃料（如高炉煤气）的投入也有所增加。天然气在能源总投入中的比重仅增加了 1%（从 2008 年的 2% 增加到 2015 年的 3%）。但是，高炉煤气占总能源投入的比例增加了 2%（从 2008 年的 0% 增加到 2015 年的 2%）。高炉煤气的温室气体排放系数是天然气的四倍多。这种燃料组合略微改变了交互电网的温室气体排放增量。

本书进一步调查了 6 个因素在不同时间段对中国交互电网温室气体排放变化的相对贡献（见图 3-2）。

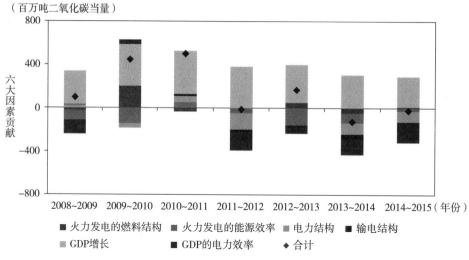

图 3-2 2008~2015 年各年中国电力系统 GHG 排放驱动因素的相对贡献

注：具体数据参见附表 6。

中国电网的温室气体排放在 2008~2011 年和 2012~2013 年有所增加，而在 2011~2012 年和 2013~2015 年有所下降。GDP 增长是所有时期温室气体排放增长的主要驱动力。对于其他五个因素，本书分析了不同时期的不同贡献。

除 2009~2010 年外，GDP 的电力效率提高是抵消温室气体排放增量的主要因素。2009~2010 年，全国 GDP 电力效率略有下降。其中，青海、新疆、山西和内蒙古的电力效率分别下降了 16%、9%、6% 和 4%。造成这种下降的一个可能原因是在 4 万亿元刺激计划期间，对重工业的投资增加（例如，金属冶炼和水泥生产），这些行业的整体 GDP 耗电量相对较高。

2010~2011 年，火力发电的能效略有下降。随后，虽然火电发电的能效变化在大部分时期都有助于减少温室气体排放，但在 2010~2011 年却导致了温室气体排放的增加。

2008~2009 年和 2010~2011 年，火电在总发电量中所占比例略有上升。因此，电力结构的变化在大多数时期有助于减少温室气体排放，但在 2008~2009 年和 2010~2011 年有助于增加温室气体排放。

同样，本书分析了不同时期燃料组合和输电结构的不同贡献。例如，在 2009~2010 年，原煤在发电燃料投入中的比例增加了约 2.4%。随后，燃料结构的变化导致 2009~2010 年温室气体排放增加；但帮助减少了 2010~2011 年和 2013~2014 年的温室气体排放。

二、六大区域电网分析

中国 31 个省级电网由华北电网、华东电网、华中电网、东北电网、西北电网、南方电网等 6 个区域电网管理（见附表 7）。图 3-3 显示了六大区域电网基于消费的温室气体排放量。在 2008~2015 年，可以观察到一个总体增长的趋势。2008~2015 年，华北电网和华东电网的基于消费的排放量分别位居第一和第二，合计贡献了中国电网约 50% 的温室气体排放。此外，相较于 2008 年，2015 年这两个区域电网基于消费的排放分别增长了 46% 和 36%，详细数据见附表 8。

西北电网在基于消费的排放总量上排名最后，而在增长率上排名第一。相较于 2008 年，2015 年其基于消费的排放增加了一倍。相比之下，南方电网在此期间的消费性排放增长速度最低，消费性排放增长约 13%。

图 3-4 显示了 6 个因素对区域电网基于消费的温室气体排放变化的相对贡献。除西北电网外，各地电网的情况与全国大体相似。对于其他五个区域电网，GDP 增长是温室气体排放增加的主要驱动力。2008~2015 年，尽管 GDP 的用电效率的改善，火电的能源效率的提高和电力结构优化（即非化石能源电力占比增加）是抵消温室气体排放增量的主要因素；然而，对于中国西北电网来说，GDP

（百万吨二氧化碳当量）

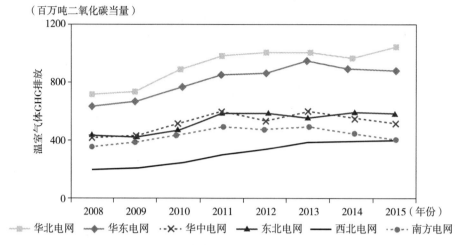

图 3-3　2008~2015 年各区域电网基于消费的 GHG 排放

注：具体数据参见附表 8。

电力效率的变化推动了其温室气体排放。这主要是由新疆地区 GDP 的用电效率变化引起的。相较于 2008 年，2015 年新疆 GDP 的电力效率下降了 57%。这种变化表现在两个方面：电力在总能源消耗中所占比例的增加；每单位国内生产总值的能源强度增长了 11%，详细数据见附表 9。

（百万吨二氧化碳当量）

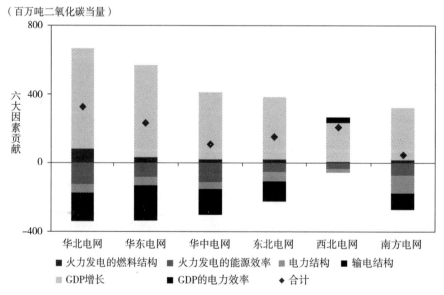

图 3-4　2008~2015 年各区域电网基于消费 GHG 排放变化的驱动因素

注：具体数据参见附表 9。

此外，电力结构优化是南方电网，特别是云南、贵州电网温室气体排放减少的重要因素。云南和贵州电网的化石燃料电力占总电力的比例分别下降了 29%（从 40% 下降到 11%）和 13%（从 69% 下降到 56%）。2015 年，云南、贵州电网水电发电量占总发电量的比重分别为 85% 和 43%。

2008~2015 年，火力发电燃料结构的变化导致了 6 个区域电网的温室气体排放增加，尤其是华北电网。河北、山西、山东电网对华北电网温室气体排放增量贡献较大。2008~2015 年，这三个省级电网的高碳强度燃料（如原煤、高炉煤气和转炉煤气）投入有所增加。例如，相较于 2008 年，2015 年河北电网的原煤、高炉、转炉煤气在总能源投入中的比例分别增加了 6%、10% 和 1%。

电力传输结构的变化有助于减少 2008~2015 年的温室气体排放，特别是在华东电网（主要是上海、江苏和浙江）。2008 年，这三个省级电网主要从华北电网的山西和华中电网的湖北进口电力。然而，上海、江苏和浙江分别从 2010 年、2012 年和 2014 年开始从四川进口电力。2015 年，从四川进口的电力占其他区域电网输往这三个省电网的总电力的近 70%。四川电力的温室气体排放系数仅为山西电力的 14% 和湖北电力的 33%。因此，华东电网输电结构的变化有助于减少温室气体排放。

三、特殊省级电网分析

本研究从每个区域电网中选择一个特殊的省级电网来分析省级电网的情况。省级电网包括华北电网的北京、华东电网的上海、华中电网的湖北、东北电网的辽宁、西北电网的新疆和南方电网的广东（见图 3-5）。

在这六个省级电网中，北京、上海和广东属于经济发达的省/直辖市，辽宁是东北电网最大的发电和输电省，湖北和新疆是两个省级电网，其各因子对温室气体排放变化的相对贡献与其他省级电网存在较大差异。

北京高度依赖电力进口。北京市基于消费的温室气体排放远远高于其基于生产的排放。2008~2015 年北京市基于消费的温室气体排放变化相对较小。相较于 2008 年，2015 年北京的 GDP 增长了 75%，这是北京基于消费的温室气体排放增加的唯一动力。相较于 2008 年，2015 年北京的 GDP 电力效率增长了 26%，它是

（百万吨二氧化碳当量）

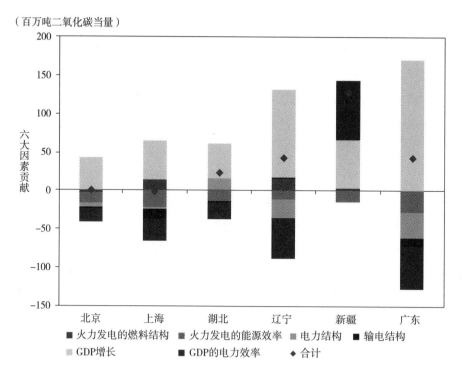

图 3-5　2008～2015 年省级电网基于消费的 GHG 排放的驱动因素

注：具体数据参见附表 10。

减少基于消费的温室气体排放的主要因素。北京电力供应企业火电效率的提高、电力结构和燃料结构的变化也是导致温室气体减排的主要因素。例如，与 2008 年相比，2015 年北京和内蒙古火力发电的能源投入分别下降了 27% 和 12%，内蒙古和辽宁的火电占总发电量的比例分别下降了 11% 和 14%。北京发电的平均温室气体排放因子（2015 年为 393 千克/千瓦时）远低于山西（2015 年为 877 千克/千瓦时）和内蒙古（2015 年为 1001 千克/千瓦时）等外部供电城市。此外，与 2008 年相比，2015 年北京地区的电力供应增长了 7%，而这段时间内，外部电力供应的比例有所下降。因此，这种输电结构的变化有助于缓解 2008～2015 年北京用电造成的温室气体排放。

上海电网的结果与北京电网相似，但是火电燃料结构和输电结构的变化贡献较大。燃料结构的变化推动了温室气体排放的增加，因为原煤和高炉煤气的投入增加，2015 年相较 2008 年分别增长了 11% 和 5%。输电结构的变化显著抵消了上海电网2008~2015年的温室气体排放增量。2008年，上海主要从华中电网的湖北、华东电网的江苏和浙江进口电力。上海从2010年开始从华中电网的四川进口电力。2015年，从四川进口的电力占上海其他省级电网输送电力总量的45%。四川电力的温室气体排放系数较低（分别占湖北、江苏和浙江电力排放系数的33%、17%和23%），有助于抵消上海用电造成的温室气体排放。

广东电网也受益于输电结构的变化。云南电网（南方电网）进口电力占广东进口电力总量的比重从2008年的18%上升到2015年的43%。其中，云南电网的温室气体排放系数仅为湖北、湖南、广西和贵州的35%、27%、36%和29%。因此，输电结构的变化明显抑制了广东省用电引起的温室气体排放。其他因素对广东电网的相对贡献与北京电网相似。

内蒙古电网是电力净出口电网，其电力主要输往华北电网。输电结构的变化对其影响相对较小。然而，内蒙古电网应注意其燃料结构的变化，这些变化导致了2008~2015年温室气体排放的增加。在此期间，火力发电的原煤和煤矸石投入量分别增加了1%和2%。此外，与其他省级电网相比，GDP电力效率变化的贡献相对较小，这表明内蒙古可以进一步提高其GDP用电效率变化的贡献，以抵消电力消耗造成的温室气体排放。

本章小结

本章从生产和消费两方面研究了中国电网的温室气体排放，量化了6个因素对中国电网温室气体排放变化的相对贡献。本章研究结果可以为中国电力行业的温室气体减排提供发电侧、消费侧和输电侧的政策启示。

在未来的一段时间，中国将继续追求经济增长，这将进一步推动其电网的温室气体排放增加。为了减少这些温室气体排放，中国可以关注以下五个因素：一个消费侧因素（GDP的电力效率），三个发电侧因素（火力发电的能源效率、燃料组合和电力结构），以及电力传输结构。虽然前四个因素在以前的研究中也提到过，但最后一个因素（即更重要的因素——输电结构）在现有的研究中，往往被忽略。

本书总结了相关研究的结果，并进行了比较。在现有的研究中，前四个因素的相对贡献与本研究的结果相似（见附表11）。本书不仅在国家电网层面，而且在地方和省级电网层面分析了这些因素对电网温室气体排放变化的相对贡献。此外，本书还特别关注了输电结构变化的影响。

首先，提高国内生产总值（GDP）的电力效率，对于减少中国交互电网的温室气体排放至关重要。鉴于生活水平的提高和电动汽车的推广，中国的电气化水平预计在未来将会进一步提高。电气化水平的提高可能会增加中国的电力需求和相关的温室气体排放。因此，应特别注意提高国内生产总值的用电效率。在过去的几年里，中国实施了各种政策来提高最终使用效率。例如，中国在"十一五"（2006~2010年）和"十二五"（2011~2015年）期间分别制定了降低GDP能耗20%和16%的目标（NPC，2006、2011；Zhou等，2010）。企业层面也实施了节能政策，如"十一五""1000家重点耗能企业"和"十二五""10000家重点耗能企业"（NDRC，2006a、2011）。这些措施有效促进了温室气体减排。今后应继续实施，并且重点关注山东、江苏、河北、广东、河南等基于消费的温室气体排放量较大的地区。特别是中国西北部的新疆，其单位GDP的总能耗应该降低，最终才能提高GDP的用电效率。值得注意的是，本研究并没有专门研究GDP结构的影响。在今后的研究中，对GDP结构进行分析，有助于做出调整GDP结构的政策决定，减少温室气体排放。

其次，提高能源效率和优化火力发电的燃料组合将对交互电网的温室气体减排做出重大贡献。在过去的十年里，中国已经采取了具体的措施来提高火电的能源效率和燃料结构。电力领域纳入"十一五"期间实施的十大重点节能工程（NDRC，2006b）。例如，电力系统的火力发电已经升级到更节能的状态，小型和落后的火力发电厂已经在2006~2015年关闭。根据电力发展"十三五"规划，截至2015年底，全国累计关停小火电机组2800多万千瓦[①]。在石油节约项目中，建议用低碳燃煤或天然气发电机组代替燃油发电机组（NDRC，2006c）。这些项目有助于减少交互电网的温室气体排放，尤其应关注山东、内蒙古、江苏、河北

---

① 《电力发展十三五规划（2016~2020年）》，国家能源局，2016。

和广东等基于生产的温室气体排放较大的电网。特别是华北电网的河北、山西、山东等地应通过降低高碳强度燃料的比例来优化其火力发电燃料结构。

再次，优化电力结构。降低火电比重，增加水电、风电、太阳能等可再生能源比重有利于电力行业温室气体减排。"十二五"期间，中国大力发展可再生能源，这有助于优化电力结构。中国火电占总发电量的比重从 2008 年的 81% 下降到 2015 年的 74%（中华人民共和国国家统计局，2016）。然而，目前中国的发电能力仍然以火电为主。因此，南方电网和华中电网应进一步鼓励发展可再生能源电力（如水电），因为南方电网和华中电网发展水电的潜力很大。

最后，通过优化我国输电结构，降低交互电网温室气体排放的潜力巨大。完善电力配送基础设施和机制，推动太阳能光伏发电、风电等低碳电力与国家电网融合。这一行动有助于促进低碳电力的生产、传输和消费，随后减少电力部门的温室气体排放。此外，中国正在推进"西气东输"工程。提高西部电网发电的能源效率和优化燃料结构，可以促进低碳电力的传输和消费，有助于减少中国电网的温室气体排放。同时，华东电网和南方电网可以增加从温室气体排放系数较低的电网（如华中电网的四川和南方电网的云南）的电力进口，更多地受益于输电结构的变化。

第四章 中国家庭电力消费特征

研究中国家庭电力消费特征，引入有效的需求响应机制，促成节约型家庭用电模式对中国实现节能减排目标有重要意义。本章首先分析家庭电力消费总量、人均电力消费量的变化趋势，其次分析影响家庭电力消费量的因素，最后分析家庭电力消费的时间特征。

第一节 家庭电力消费量持续增长

随着城镇化水平和家庭电气化水平的提高，家庭电力消费总量及在全社会电力消费中所占的比例大体呈现增长趋势。根据 2014 年《中国能源统计年鉴》和 2016 年《中国统计年鉴》的统计，1980 年电力消费中，生活消费总量为 105 亿千瓦时，仅占全社会电力消费的 3.5%。1980~1995 年，生活用电快速增长，1995 年生活用电量达到 1006 亿千瓦时，较 1980 年增长 8.6 倍，占总电力消费的 10.0%。1995~2000 年，生活用电增长速度放缓，2000 年的生活用电量与 1995 年相比增长 44%。2001~2009 年生活用电量年均增长 14%，2009 年的生活用电量是 2000 年的 2.4 倍，达到 4872 亿千瓦时，占全社会电力消费的比例为 13.2%。2010~2014 年生活用电总量年均增长 8%，2014 年生活用电总量达到 7167 亿千瓦时，占全社会电力消费的比例达到 12.7%，如图 4-1 所示。随着城镇化水平及家庭收入水平的进一步提高，预计家庭生活用电的需求将继续增长（Auffhammer 和 Wolfram，2014；Hu 等，2014）。

在过去的三十年，不仅家庭生活用电总量持续增长，人均生活用电量也呈

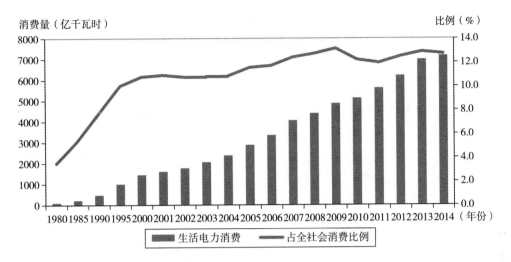

图4-1　生活电力消费总量

数据来源：2014年《中国能源统计年鉴》和2016年《中国统计年鉴》。

快速增长趋势。根据2014年《中国能源统计年鉴》的电力平衡表和2016年《中国统计年鉴》的人口数据，可以计算各年的人均年生活用电量。1980年人均年生活用电量仅11千瓦时。1980～1995年，人均生活用电量快速增长，1995年人均年生活用电量达到83千瓦时，较1980年增长6.8倍。1995～2000年，人均生活用电量增长速度放缓，2000年的生活用电量与1995年相比增长38%。2001～2009年人均年生活用电量年均增长14%，2009年是2000年的2.2倍，达到365千瓦时。2010～2014年人均年生活用电量增长8%，2014年人均年生活用电量达到525千瓦时，如图4-2所示。

虽然中国家庭人均生活用电量快速增长，但是与发达国家相比，仍处于较低水平。根据美国能源信息署关于能源使用的统计（EIA，2017）和世界银行关于人口的统计（the World Bank，2016），可以计算美国人均年生活用电量。1980年和2014年美国人均年生活用电量分别为3161千瓦时和4414千瓦时。2014年，中国的人均生活用电量仅为美国的12%。

另外，家庭人均生活用电量地区差异明显。2013年，在经济发达的东部沿海地区（包括广东、江苏、福建、浙江、上海），人均年生活用电量在600千瓦时以上，上海最高（849千瓦时）。北京也处于高水平，人均年生活用电量达到

消费量（千瓦时/年）

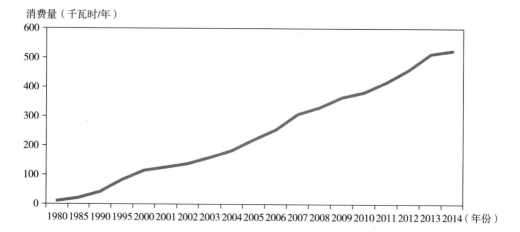

图 4-2 人均生活用电量

数据来源：2014 年《中国能源统计年鉴》和 2016 年《中国统计年鉴》。

743 千瓦时。而在经济欠发达的西部地区，人均年生活用电量低于 350 千瓦时，这些地区包括甘肃、新疆、宁夏和青海，其中甘肃的人均年生活用电量最低，仅 267 千瓦时。云南的人均年生活用电量也处于较低水平，为 343 千瓦时。吉林、江西、四川、山西和河南的人均年生活用电量处于中等水平，为 350~400 千瓦时。其他地区的人均年生活用电量处于较高水平，为 400~500 千瓦时，如图 4-3

消费量（千瓦时/年）

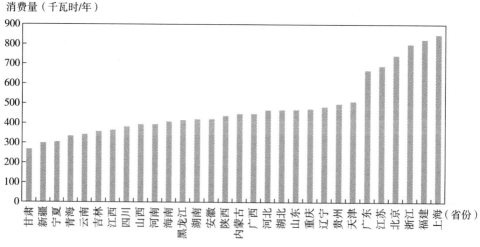

图 4-3 2013 年各地区人均生活用电量

数据来源：2014 年《中国能源统计年鉴》和 2016 年《中国统计年鉴》。

所示。家庭人均生活用电量地区差异在一定程度上与地区经济发展不平衡有关。关于家庭电力消费与收入关系的研究表明，家庭电力消费的收入弹性大约为 1，在现阶段仍会随收入增加而增长（Liu 等，2016）。因此，随着收入水平的提高，中国家庭的电力消费量预期会进一步增长。

第二节　家庭电力消费的影响因素

家庭电力消费的影响因素主要包括：社会经济因素（家庭人口规模、家庭代际结构、年龄和收入）、住房特征因素（住房类型、住房年龄、房间数量、卧室数、楼层、住房面积等）和家用电器因素（厨房电器、热水器、空调、洗衣机、电脑、电视、吸尘器等拥有量，电器使用频率和能耗）（Jones 等，2015）。

首先，家庭人口和经济特征对家庭用电量有显著影响。家庭用电量随家庭人口规模的增加而增加，但家庭人均用电量随人口增加而减少（Kavousian 等，2013；Zhou 和 Teng，2013）。家庭成员年龄对家庭用电量的影响为非线性。米红和任正委的研究表明家庭中不同年龄人口的增加对人均用电量的影响呈倒 U 型（米红和任正委，2014）。随着家庭儿童数量的增加，其电力消费也增加（Aydinalp 等，2002），而当家庭成员年龄超过一定水平后，家庭用电反而减少，因为年龄大的家庭成员更节俭，该类家庭用电较少（Chen 等，2013b；Kavousian 等，2013）。但是关于收入对家庭用电的影响没有统一结论。有的研究表明，家庭电力需求随家庭收入的增长而增加（Zhou 和 Teng，2013）（Liu 等，2016）；而对美国家庭每天最大/最小用电量的分析表明，收入与电力消费的相关性不显著（Kavousian 等，2013）。

其次，住房特征对家庭电力消费有显著影响。住房面积与家庭电力消费正相关（Reiss 和 White，2005）；住房类型也显著影响家庭冬季电力消费。一般而言，公寓的电力消费较少，而别墅的电力消费较多（Kavousian 等，2013）。

另外，家用电器的拥有量和使用频率对家庭电力消费有显著影响（Reiss 和 White，2005）。电冰箱是影响最小用电量的主要因素，而能耗高、不连续使用的电器，比如电热水器、烘干机、空调，对每天最大用电量有显著影响（Kavousian 等，2013）。

除了以上因素外，家庭成员住所内活动也是影响家庭电力消费的因素。全国居民能源消费调查表明，取暖、做饭、加热水，家用电器使用和空调使用是家庭能源消费的五项主要活动（Zheng 等，2014）。而每项活动时间长短（即时间利用差异）也会影响家庭用电量（Torriti，2014b；Widén 和 Wäckelgård，2010）。当社会经济因素、住房和家用电器因素都相同的情况下，家庭成员每天看电视、个人卫生活动（洗浴等）和家务劳动（做饭、洗衣、室内清洁等）时间长的家庭用电量可能较多。因此，本书将在已有文献的基础上，将家庭成员的时间利用引入中国家庭电力消费模型，这有助于提高家庭电力消费预测的准确性，从而有针对性地制定节电政策，促成节约型家庭用电模式。

一、模型与数据

1. 统计模型

基于以上分析，本书针对可能影响中国家庭电力消费的因素提出以下假设：

假设1：家庭成员用电活动时间越长，家庭平均每月耗电量越大。

假设2：家庭做饭主要燃料为电时，家庭平均每月耗电量越大。

假设3：家庭人口规模越大，家庭平均每月耗电量越大；在控制家庭人口规模变量的情况下，有小孩的家庭，平均每月耗电量越大；有老人的家庭，平均每月耗电量越少。

假设4：家庭收入水平与家庭用电量呈倒 U 型关系。

为了验证以上假设，本书将户均每月用电量与可能影响家庭用电量的因素相联系，构建多元回归统计模型，如式（4-1）所示：

$$electricity_i = \beta_0 + \beta_1 timeuse_i + \beta_2 cookfuel_i + \beta_3 famdemo_i + \beta_4 faminc_i +$$
$$\beta_5 faminc^2{}_i + \beta_6 housingarea_i + \beta_7 provc_i + \mu_i \qquad (4-1)$$

其中下角标 i 表示不同的家庭，β 是被估计参数，μ_i 是随机误差项。该模型的因变量为户均每月用电量（$electricity$）。

模型的右侧为自变量，第一，考虑家庭成员的时间利用（$timeuse$）。由于与家庭用电相关的活动主要由成年人完成，因此这里的家庭成员主要为 16 岁及以上的人员。另外，考虑到问卷对个人卫生活动时间和家务劳动时间的统计没有区分具体活动内容，而一些活动并不使用家用电器，例如个人卫生活动中的刷牙、洗脸、美容、美发等，因此本研究暂时不考虑个人卫生活动和家务劳动时间对用电量的影响。本书采用家庭成员平均每天看电视时间之和（*watchingtv*）进行衡量。

第二，考虑到家庭做饭主要燃料的差异，模型中引入虚拟变量 *cookfuel*，如果家庭做饭的主要燃料为电，则 *cookfuel* 取值为 1，否则为 0。

第三，家庭人口特征变量（*famdemo*）对家庭用电有显著影响。本书采用三个指标对其进行衡量：①家庭人口规模（*familysize*）；②家庭是否有未成年人（*underaged*）；③家庭是否有老年人（*senior*）。人口规模为家庭常住人员数量，其他两个指标采用虚拟变量，如果家庭成员最小年龄小于 16 岁，则 *underaged* 取值为 1，否则为 0。如果家庭成员最大年龄大于或等于 60 岁，则 *senior* 取值为 1，否则为 0。

第四，考虑家庭收入对家庭用电量的影响可能呈非线性的倒 U 型关系，即当收入达到一定程度时，家庭用电不再上升，而是趋于下降。本书同时引入家庭收入及其平方项（*faminc*^{2}）。如果倒 U 型关系成立，该平方项的回归系数应该显著为负。

第五，家庭住房特征、家用电器拥有量、价格和地理位置也是影响家庭用电量的主要因素，模型引入住房面积（*housingarea*）、省份虚拟变量（*provc*）作为控制变量。省份虚拟变量（*provc*）用来代替影响家庭用电的其他外部环境因素和电价差异。所用数据的家庭样本分布在 25 个省、自治区、直辖市，因此将除甘肃以外的 24 个省、自治区、直辖市设为虚拟变量。由于缺少家用电器拥有量的调查数据，暂时不考虑电器拥有量对家庭用电的影响。

2. 数据说明

本书使用的数据来自北京大学中国社会科学调查中心提供的 2010 年中国家庭追踪调查（CFPS）数据。该数据的调查对象是中国（除香港特别行政区、澳门特别行政区、台湾省、新疆维吾尔自治区、西藏自治区、青海省、内蒙古自治区、宁夏回族自治区、海南省）25 个省、自治区、直辖市的家庭户的家庭成员，由于这 25 个省级行政区的人口覆盖了中国大陆总人口的 94.5%，因此具有一定代表性（北京大学中国社会科学调查中心，2012）。

考虑到城乡能源使用模式的差异，本书选择城市样本进行分析。另外，生产性用电与生活用电的影响因素有很大差异，剔除存在生产性用电的家庭样本。同时，将每月耗电量为负数或数据缺失的样本以及家庭收入、住房面积数据缺失的样本剔除。经过处理后，有效的家庭样本为 5897 户，占城市家庭总样本的 83%。对应的家庭成员 20158 人，户均 3.42 人。比较样本的地区分布发现，处理后的城市家庭样本分布与处理前基本一致。

表 4-1 汇总了各变量平均值、标准差、最大值和最小值。其中，户均每月用电量为 107.94 千瓦时，家庭年均收入为 4.47 万元。样本城市各变量（哑变量除外）最大值与最小值平均相差 8 个标准差，具有较大的变异性。

表 4-1　变量的统计描述

变量名称	表达式	单位	均值	标准差	最小值	最大值
户均每月用电量	*electricity*	千瓦时	107.94	90.68	1	1500
家庭成员每天看电视时间	*watchingtv*	小时	4.04	3.08	0	32
家庭做饭主要燃料	*cookfuel*	1	0.12	0.32	0	1
家庭人口规模	*familysize*	人	3.42	1.49	1	16
家庭是否有未成年人	*underaged*	1	0.42	0.49	0	1
家庭是否有老人	*senior*	1	0.37	0.48	0	1
家庭年均收入	*faminc*	万元	4.47	5.82	0.0005	140.60
住房面积	*housingarea*	平方米	104.89	82.83	6	1000

二、结果分析

本节采用回归方法分析各潜在因素对家庭电力消费的影响。出于计量分析的稳健性考虑，在原始模型式（4-1）的基础上，分别运行三个回归模型，并将其结果汇总于表 4-2 中。

表4-2 回归结果

	模型1	模型2	模型3
watchingtv	1.7418***	1.8768***	2.1533***
	(4.82)	(5.08)	(6.29)
cookfuel	18.6456***	14.4020***	24.7251***
	(6.32)	(4.85)	(8.06)
familysize	6.5582***	3.0309**	3.7685***
	(7.51)	(2.87)	(3.85)
underaged	—	7.2214**	4.9749*
		(2.95)	(2.25)
senior	—	-11.9185***	-9.4537***
		(-7.30)	(-5.73)
faminc	10.3077***	10.0324***	6.2696***
	(24.89)	(24.04)	(16.61)
faminc^2	-0.0686***	-0.0666***	-0.0411***
	(-23.72)	(-22.86)	(-15.22)
housingarea	0.0916***	0.1084***	0.1444***
	(4.80)	(5.56)	(7.83)
provc_bj	—	—	30.6482***
			(9.69)
provc_sh	—	—	7.3657
			(1.91)
provc_gd	—	—	19.1843***
			(3.63)
_cons	29.7089***	39.8970***	39.4406***
	(14.83)	(17.63)	(13.47)
N	5897	5897	5897
R^2	0.2991	0.2640	0.2196
Adj. R^2	0.2984	0.2630	0.2153
F	418.9481	264.0582	51.5622

注：省份虚拟变量共有24个，表中仅列示了北京、上海及广东虚拟变量。表内括号内的数字为相应参数估计的t检验值，* 表示 $p<0.05$，** 表示 $p<0.01$，*** 表示 $p<0.001$。

如表4-2所示，模型（1）考察了家庭人口特征中的家庭人口规模变量对家庭月均用电量的影响，模型（2）在此基础上考察了人口年龄结构的影响，引入未成年人和老人变量。进一步地，模型（3）又增加了代替价格和地理位置等外部环境因素的省份虚拟变量。

为了消除异方差性，采用可行广义最小二乘（FGLS）法对所有模型进行估计。R^2显示，该模型可以解释20%以上的家庭电力消费差异。剩余差异可能受电器拥有量、家庭成员其他个体特征（例如家庭成员的受教育水平、性别、职业等）的影响。另外，家庭成员的时间利用可以进一步细化，个人卫生活动和家务劳动时间都会影响家庭用电。下面对模型中关键变量进行分析。

1. 时间利用

模型3的定量分析结果显示，用电活动时间会显著影响家庭每月用电量，这一结论在所有模型中均成立。当家庭成员看电视的时间（watchingtv）增加1%，家庭每月平均用电量会增加2%左右。

2. 做饭燃料

回归结果显示，做饭主要燃料（cookfuel）为电的家庭每月用电量较高。样本家庭中大约12%的家庭（692户）做饭燃料以电为主，而大部分家庭以煤气或液化气为主要燃料。对于这12%的家庭，可以考虑调整做饭燃料来节约用电，减少家庭碳排放。

3. 家庭人口特征

表4-2的结果显示，家庭人口规模（familysize）对家庭用电量有显著正影响，人口数量越多的家庭，每月用电量越多。另外，控制家庭人口规模变量后，有小孩（underaged）的家庭用电量会增加，而有老人（senior）的家庭用电减少。一般而言，有小孩的家庭通常在住所内的活动时间较长，厨房电器、洗衣机的使用频率相对较高，因此家庭用电量较大。有老人的家庭虽然在住所内的活动时间也较长，但是老人一般比较节俭，用电较少。因此家庭节电政策可以优先考虑有小孩的家庭。

4. 家庭收入

定量分析结果显示，家庭用电量与家庭收入（faminc）显著正相关，而与家庭收入的平方（$faminc^2$）显著负相关，验证了家庭收入与用电量呈倒U型关系的假设。这主要与家庭成员的生活方式相关。当家庭收入增加时，家庭会增加电器的购买，导致用电量增加；而当家用电器达到饱和时，家庭用电量取决于家庭成员的时间利用。高收入家庭往往在外工作时间较长，在住所内活动时间很少，在家做饭、看电视的机会较少，因此，家庭用电量会出现下降。在制定家庭节电政策时，可以优先考虑中等收入家庭。

5. 其他

另外，住房面积（*housing area*）和省份虚拟变量（*provc*）对家庭用电量也有显著影响。住房面积越大的家庭用电量越多。家庭所在的地区不同，用电量也有显著差异，与甘肃相比，北京、上海和广东的家庭用电量都较高，这与地区经济发展等因素有关。

家庭电力消费受天气、地理位置、价格等因素影响，而在外部因素相同的条件下，家庭成员的微观活动会显著影响家庭用电。一方面，家庭成员的生活方式影响其时间利用，进一步影响用电活动，因此，可以通过分析家庭成员的时间利用特征，将家庭根据用电模式进行分类，进而有针对性制定家庭节电政策。另一方面，家庭成员同一活动所使用的燃料种类也影响家庭用电及相应的碳排放，例如，样本中大约12%的家庭做饭燃料以电为主。对于有条件的家庭，建议其把液化气作为做饭的主要燃料，尤其在煤电发电量占80%左右市场份额的情况下。

除此之外，家庭社会经济特征和住房特征（包括家庭人口规模、年龄结构、家庭收入和住房面积）都会显著影响家庭用电量，这些因素外界无法影响和改变，但是，可以将家庭根据这些特征进行分类，并相应制定不同政策。例如，将家庭收入和成员年龄结合，制定针对中等年龄高收入家庭，以及高收入有小孩家庭的节电政策。

第三节　家庭电力负荷特征

家庭电力消费总量存在持续增长潜力，家庭电力消费的时间特征（即电力负荷，反映每天24小时各时间段的电力需求）也值得研究，因为电力需求负荷影响供电负荷、供电成本和供电系统的稳定性。

在分析家庭电力负荷率之前，需要简单介绍负荷与负荷率两个基本概念。电力负荷是指电力系统中所有用电设备所耗用的功率之和。根据电力用户的类型，可分为工业、商业、农业以及居民生活用电负荷等。家庭电力负荷指各时段使用中的用电设备功率之和。如果将家庭用户一天各个时间段的用电负荷绘制在以时间为横坐标、负荷为纵坐标的坐标图上，即为家庭一天的负荷曲线。

负荷率是指在统计期间内（日、月、年）的平均负荷与最大负荷之比的百分数。电网负荷率是电网平均负荷与电网设计的最大负荷之比。因此，最大负荷（峰时负荷）与最小负荷（谷时负荷）差越小，则用户的负荷率越高，电网或电力系统的利用率越高，整个电网的运行越经济、越安全，供电成本越低。用电负荷率也会影响供电能源消耗，已有研究表明，用电负荷率提高1%，相应火电机组的供电煤耗下降4.5~5.0克/千瓦时（李蒙等，2005），相当于供电煤耗下降1.4%左右（火电供电煤耗按2011年平均水平329克/千瓦时计算）。

通过采集2015年5月某日10千伏和1千伏居民线路的用电负荷数据，计算其平均负荷并绘制日负荷曲线，如图4-4和图4-5所示。由图4-4可以看出，10千伏居民线路覆盖的居民小区和家庭数量较多，负荷波动较小，峰时负荷（最大负荷）与谷时负荷（最小负荷）的差异为平均负荷的90%，平均负荷与最

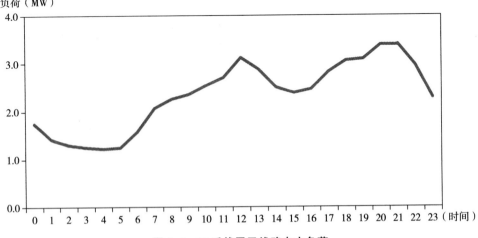

图4-4　10千伏居民线路电力负荷

大负荷的比率（即负荷率）为69%。相比之下，1千伏居民线路覆盖的家庭数量较小，负荷波动较大，峰谷负荷差为平均负荷的118%，负荷率为59%，低于10千伏居民线路的负荷率。负荷率低的用电负荷供电成本较高，因此学者们建议在定价时考虑负荷率（黄海涛等，2016；黄海涛和吴洁晶，2015；孙素苗，2015；谭真勇，2013；徐永丰等，2015；姚赛，2014；叶泽和姚赛，2014）。

　　另外，图4-4显示家庭电力负荷存在两个高峰时段，分别为11：00~13：00和20：00~21：00，低谷时段为1：00~5：00。而图4-5的家庭电力负荷曲线显示，7：00~8：00也是家庭用电高峰时段。因此，不同供电电压等级的家庭电力负荷存在差异，可以考虑根据电压等级和负荷率对家庭用户进行分类，分别采用不同的政策引导家庭错峰用电。

负荷（MW）

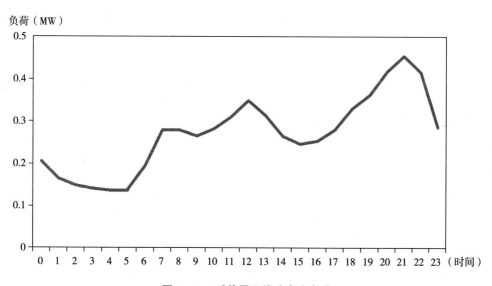

图4-5　1千伏居民线路电力负荷

本章小结

随着城镇化水平和家庭电气化水平的提高，家庭电力消费量及在全社会电力消费中所占的比例呈现增长趋势。家庭的社会经济特征、住房特征、家用电器特征以及家庭成员个体的生活方式都会影响家庭电力消费。本章将代表家庭成员个体微观活动的时间利用特征引入电力消费量模型,利用 2010 年中国家庭追踪调查数据,对影响家庭电力消费的因素进行研究。结果表明,家庭成员个体的时间利用,尤其是与家用电器使用相关活动的时间对家庭电力消费有显著正影响。因此,可以对家庭成员个体的时间利用进行更详细的调查,并将家庭根据时间利用情况进行分类,制定相应的节电政策。另外,家庭电力消费的时间特征明显,家庭大部分活动集中在白天进行,夜间电力需求少,峰时负荷与谷时负荷差大,导致家庭电力负荷率低,供电成本高。因此,可以通过电价调节家庭用电时间,减少负荷差,进而降低供电成本。

第五章　中国居民生活用电价格政策

根据经济学理论，价格是促进供需平衡的有效工具。电力作为一种特殊商品，是居民生活的基础，中国居民生活用电的价格在制定时不仅考虑供电成本，更多的考虑居民的价格承受能力。因此居民生活用电的价格长期低于供电成本，存在工业用电补贴居民用电的交叉补贴、高收入人群获得的补贴大于低收入人群、电力过度消费等问题（林伯强等，2009；齐放等，2009；阙光辉，2003）。为了解决这些问题，国内学者和政府对居民生活用电价格进行了广泛研究，实施了多种居民生活用电价格政策（居民阶梯电价、居民分时电价）。本章对居民生活用电价格政策进行梳理，为动态价格政策的模拟研究提供基础。

第一节　基于平均成本的单一电价

中国的电价一直受政府规制，电价是在历史水平的基础上考虑新增的燃料费用、建设费用、运营费用、维修成本以及利润的平均水平调整，而非由市场供求决定（林伯强，2004）。

居民生活用电的价格制定除了考虑电力的平均成本外，还基于电力普遍服务理论与交叉补贴（刘思强等，2015）。电力普遍服务是指电力企业确保所有用户都能获得基本电力服务，并且价格在其可承受范围之内，电力普遍服务政策通常由国家制定。电力普遍服务的主要目的是使供电成本高但收入低的地区也可以获得基本电力服务，解决低收入人群的用电问题。交叉补贴是指电力企业利用盈利领域的收益弥补非盈利领域的亏损。具体来讲是指电力企业向工业用户、商业用户以及经济发达地区的用户收取高于供电成本的费用，而向居民用户、农业用户以及贫困落后地区的用户收取低于供电成本的费用，并用来自工商业及发达地区用户的收益弥补居民、农业及贫困地区的用户。因此，长期以来，中国对居民生活用电采取低价政策。2012 年 7 月以前，除个别省市开展阶梯电价、峰谷分时电价试点外，中国居民生活用电普遍实行单一电价，由各省价格管理部门确定价格后报国家价格管理部门审批。

基于平均成本的单一电价无法起到调节消费和抑制不合理消费的作用，也不能体现资源稀缺性成本和环境治理成本，不利于资源节约和环境保护（林伯强等，2009）。另外，单一电价也导致交叉补贴低效率，高收入人群获得的补贴大于低收入人群，用电量多的用户享受的补贴高于用电量少的用户，电价低导致电力过度消费等问题（林伯强等，2009；齐放等，2009；阙光辉，2003）。

第二节　基于用电总量的阶梯电价

为了使电价体现电力的资源价值，引导居民合理用电、节约用电，逐步减少电价交叉补贴，提高能源使用效率，建设资源节约和环境友好型社会，电价政策调整势在必行。经过几年的试点和研究，中国自 2012 年开始在全国范围内试行居民阶梯电价政策，并在 2013～2016 年根据试行情况，调整阶梯电价的分档电量水平及执行周期。

一、全面试行居民阶梯电价

2011 年国家发展和改革委员会制定了《关于居民生活用电试行阶梯电价的指导意见》（发改价格〔2011〕2617 号，以下简称《指导意见》），自 2012 年 7 月 1 日起全国除西藏和新疆以外（未统计港澳台地区）的 29 个省（自治区、直辖市）试行居民生活用电阶梯电价。实施的范围为实行"一户一表"的城乡居民用户和具备条件的合表的居民用户。

根据《指导意见》，居民阶梯电价首先要保证居民基本生活用电的价格不出现大幅波动，在此基础上，适当提高电价水平，使用电量超过基本生活用电的居民（通常是高收入居民）承担较高的价格。为了照顾城市中"低保户"和农村的"五保户"等弱势群体，为他们设置了免费电量。阶梯电价的定价机制是依据补偿成本与公平负担相结合，统一政策与因地制宜相结合的原则，根据用电总量分段定价，电价随用电量呈阶梯状递增。

　　具体来讲，居民阶梯电价是将居民每月用电总量分为三档，第一档电量用来满足基本用电需求，保证区域内80%居民的户均每月用电量在该档电量范围内，此档电价在一定时期内维持较低价格水平。第二档电量用来满足正常合理用电需求，覆盖区域内95%居民用户的月均用电量，此档电价在起步阶段每千瓦时的用电量比第一档高0.05元，并且逐步调整，目标是使电价能够弥补电力企业的正常合理成本并能够获得合理收益。第三档电量用来满足较高生活质量用电，电价在第二档电价的基础上进一步调整，使此档电价能在一定程度上体现资源稀缺性，能够补偿环境成本。起步阶段第三档电价每千瓦时的用电量比第一档高0.3元，最终应控制在第二档电价的1.5倍左右。另外，为城乡"低保户"和农村"五保户"每户每月设置15千瓦时免费用电基数。

　　部分地区在制定阶梯电价政策时会考虑当地的实际用电情况，分别针对夏季和非夏季设定不同的阶梯分档电量，或者针对冬季和非冬季设定不同分档电量，或者将全年划分为用电高峰月份和非用电高峰月份。例如，广东省针对夏季天气炎热，空调用电量较大的情况，将电量分档情况划分为夏季和非夏季两种标准（粤价〔2012〕135号）：夏季标准在每年的5~10月执行，非夏季标准在其余月份执行。夏季标准的第一档电量为每户每月0~260千瓦时的用电量；第二档电量为261~600千瓦时；第三档电量为601千瓦时及以上的用电量。非夏季标准的第一档电量为每户每月0~200千瓦时的用电量，比夏季标准的第一档电量低60千瓦时；第二档电量为每户每月201~400千瓦时的用电量，比夏季标准低140千瓦时；第三档电量为每户每月401千瓦时及以上的用电量，比夏季标准低200千瓦时。

　　贵州的居民阶梯电价分档电量区分冬季和非冬季两种标准（黔价格〔2012〕136号）：每年4~11月份（非冬季），第一档电量为每户每月用电量0~170千瓦时，第二档电量为每户每月用电量 171~310 千瓦时，第三档电量为每户每月用电量 310 千瓦时以上；12 月至次年 3 月（冬季），第一档电量为每户每月用电量 0~210 千瓦时，比非冬季标准的第一档电量高 40 千瓦时；第二档电量为每户每月用电量 211~380 千瓦时，比非冬季标准的第二档电量高 30 千瓦时；第三档电量为每户每月用电量 380 千瓦时以上，比非冬季标准的第二档电量高 70 千瓦时。

广西的居民阶梯电价针对用电高峰月份和非用电高峰月份制定不同的分档电量标准（桂价格〔2012〕60 号）。其中，用电高峰月份（1~2 月，6~9 月）的第一档电量为每户每月用电量 0~190 千瓦时，第二档电量为每户每月用电量 191~290 千瓦时，第三档电量为每户每月用电量 290 千瓦时以上；非用电高峰月份（3~5 月，10~12 月）的第一档电量为每户每月用电量 0~150 千瓦时，比用电高峰月份的第一档电量低 40 千瓦时；第二档电量划分标准为每户每月用电量 151~250 千瓦时，总电量与用电高峰月份的第二档电量相同；第三档电量划分标准为每户每月用电量 250 千瓦时以上，比用电高峰月份的第三档电量低 40 千瓦时。

湖南 2012 年的居民阶梯电价第二档和第三档电量分春秋季和冬夏季两种情况（湘价电〔2012〕107 号），春秋季（3、4、5、9、10、11 月）第二档电量为超过 180~350 千瓦时，第三档电量为 350 千瓦时以上；冬夏季（1、2、6、7、8、12 月）第二档电量为超过 180~450 千瓦时，第三档电量为 450 千瓦时以上。

二、调整阶梯电价电量水平

各省（自治区、直辖市）根据居民阶梯电价试行情况，对居民生活用电阶梯电价政策进行了完善，部分省份调整了阶梯电价分档电量水平，以及一户多人的阶梯电价电量水平。其中，四川早在 2006 年已实行居民阶梯电价，2012 年对阶梯电价分档标准和电价进行了适当调整。四川电网将用电量分档由原来的四档调整为三档，并调整了各档电价标准。

湖南自 2015 年 12 月开始居民阶梯电价的第一档电量从每户每月 180 千瓦时及以下提高到 200 千瓦时及以下，提高了 20 千瓦时；春秋季（3、4、5、9、10、11 月六个月）第二档电量为 201~350 千瓦时；第三档电量仍为 350 千瓦时以上，未发生变化；冬夏季（1、2、6、7、8、12月）第二档电量为201~450千瓦时，第三档电量为450千瓦时以上（湘发改价商〔2015〕958号）。

福建物价局于2016年11月1日起调整居民生活用电阶梯分档电量（闽价商〔2016〕298号），对于"一户一表"居民，阶梯电价的第一档电量从每户每月200千瓦时提高至每户每月230千瓦时，提高了30千瓦时；第二档电量由每户每月用电量201~400千瓦时调整为每户每月用电量231~420千瓦时，第二档电量总量减少10千瓦时；第三档电量由每户每月用电量超出400千瓦时调整为超出420千瓦时的部分。

云南为进一步优化城乡居民生活用能结构，减少薪柴砍伐和煤炭等一次能源消耗，自2016年8月1日起实行"以电代柴""以电代煤"的电能替代用电价格方案（云政办发〔2016〕73号）。对居民用户设立每户每年1560千瓦时（每月平均130千瓦时）的电能替代电量，此部分电量实行优惠价格（到户电价为0.36元/千瓦时）。对于年用电量超过1560千瓦时的用户，执行居民阶梯电价政策：每户每年用电量为1561~3600千瓦时的部分，电价为0.45元/千瓦时；每户每年用电量3601~4680千瓦时的部分，电价为0.5元/千瓦时；每户每年用电量超过4680千瓦时的部分，电价为0.8元/千瓦时。

贵州省发展和改革委员会于2013年和2016年两次调整了居民阶梯电价年度电量分档标准（黔价格〔2013〕325号，黔发改价格〔2016〕1299号），自2016年9月1日起第一档电量从2200千瓦时提高至3000千瓦时（每户每年），提高了800千瓦时，平均每月提高67千瓦时；第二档电量从2200~4000千瓦时提高至3000~4700千瓦时（每户每年），第二档总电量每户每年减少100千瓦时；第三档电量由超出4000千瓦时（每户每年）调整为超出4700千瓦时的部分，提高了700千瓦时。

广西自2016年7月1日起调整居民阶梯电价分档电量（桂价格〔2016〕63号）。第一档电量从每户每月170千瓦时提高到230千瓦时，提高了60千瓦时；第二档电量由每户每月171~270千瓦时的部分，调整为231~370千瓦时，第二档总电量增加40千万时；第三档电量由每户每月用电超出270千瓦时的部分调整为超出370千瓦时的部分，提高100千瓦时。

另外，部分省份针对"一户多人口"的情况调整了其第一档电量，使居民阶梯电价更符合公平负担的原则。例如，山东物价局于 2014 年发出《关于完善居民阶梯电价制度的通知》（鲁价格一发〔2014〕87 号），针对户籍人口 5 人及以上的"一户一表"居民用户，第一档电量由每户每月 210 千瓦时提高至 310 千瓦时，增加 100 千瓦时；第二档电量为 310~400 千瓦时，第二档总电量减少 100 千瓦时；第三档为超出 400 千瓦时的部分。重庆物价局 2015 年《关于完善居民阶梯电价制度的通知》（渝价〔2015〕268 号）规定，"一户一表"居民用户，如果人口数在 4 人以上，经过向供电企业营业厅申请，第一档电量每月每户增加 100 千瓦时，即每户每年增加 1200 千瓦时。湖南省自 2015 年 12 月"一户一表"居民用户，如果户籍人口 5 人及以上，每户每月第一档电量增加 100 千瓦时（湘发改价商〔2015〕958 号）。

三、调整阶梯电价执行周期

2013 年以来，各省（自治区、直辖市）根据实际情况调整了阶梯电价执行周期，考虑到季节性用电差异，部分省（自治区、直辖市）将阶梯电价"按月执行"调整为"按年执行"。根据每月分档电量标准乘以 12 计算每户每年的阶梯分档电量。抄表及结算电费仍然按月进行，当累计用电量超过每户每年第一档电量时，开始按阶梯加价计算电费。

贵州于 2013 年调整了阶梯电价执行周期（黔价格〔2013〕326 号），自 2014 年 1 月 1 日起执行，第一档电量为每户每年 0~2200 千瓦时，第二档电量为每户每年 2200~4000 千瓦时，第三档电量为每户每年超过 4000 千瓦时的部分。

湖北从 2015 年 4 月 1 日起居民阶梯电价计价周期调整为按用电量以年为周期执行，分档电量不跨年使用（鄂价环资〔2015〕12 号）。第一档电量为每户每年 0~2160 千瓦时的部分，第二档电量为每户每年 2161~4800 千瓦时的部分，第三档电量为每户每年超过 4800 千瓦时的用电量。

广西自 2015 年 7 月 1 日起阶梯电价计价周期调整为按用电量以年为周期执行（桂价格〔2015〕41 号）。抄表及结算电费仍然按月进行，当累计用电量超过每户每年第一档电量时，开始按阶梯加价计算电费。

重庆自 2016 年 1 月 1 日起居民阶梯电价计价周期调整为以年为周期执行

（渝价〔2015〕268号）。按照《重庆市物价局关于居民生活用电试行阶梯电价有关问题的通知》（渝价〔2012〕181号）的规定，第一档电量为每户每年为0～2400千瓦时的部分，第二档电量为每户每年2401～4800千瓦时的部分，第三档电量为每户每年超过4800千瓦时的部分。

四、居民阶梯电价政策汇总

本节根据各省（自治区、直辖市）物价局或发展和改革委员会公布的相关文件，整理汇总了各地区针对"一户一表"居民用户阶梯电价的分档电量水平及电压等级不满1千伏的"一户一表"居民用户的电价，具体见表5-1。对于电压等级在1千伏以上的"一户一表"居民用户，其各档电价通常比不满1千伏的居民用户低0.01元。

表5-1　各地区居民阶梯电价分档电量及电价

地区	一户一表 分档电量（千瓦时/月）			一户一表（不满1千伏） 分档电价（元/千瓦时）			数据来源
	一档	二档	三档	一档	二档	三档	
北京	0～240	241～400	超过400	0.4883	0.5383	0.7883	京发改〔2012〕831号
天津	0～220	221～400	超过400	0.4900	0.5400	0.7900	津发改价管〔2012〕667号
河北	0～180	181～280	超过280	0.5200	0.5700	0.8200	冀价管〔2012〕63号
山西	0～170	171～260	超过260	0.4770	0.5270	0.7770	晋价商字〔2012〕86号
内蒙古（西部）	0～170	171～260	超过260	0.4300	0.4800	0.7300	内发改价字〔2015〕431号
内蒙古（东部）	0～170	171～260	超过260	0.5000	0.5500	0.8000	内发改价字〔2015〕431号
内蒙古（呼伦贝尔）	0～170	171～260	超过260	0.4650	0.5150	0.7650	内发改价字〔2015〕431号
内蒙古（兴安）	0～170	171～260	超过260	0.4950	0.5450	0.7950	内发改价字〔2015〕431号
辽宁	0～180	181～280	超过280	0.5000	0.5500	0.8000	辽价发〔2012〕63号

续表

地区	一户一表 分档电量（千瓦时/月）			一户一表（不满 1 千伏） 分档电价（元/千瓦时）			数据来源
	一档	二档	三档	一档	二档	三档	
吉林	0~170	171~260	超过 260	0.5250	0.5750	0.8250	吉省价格〔2012〕157 号
黑龙江	0~170	171~260	超过 260	0.5100	0.5600	0.8100	黑价格〔2012〕214 号
上海	0~260	261~400	超过 400	0.6170	0.6670	0.9170	沪发改价管〔2012〕020 号
江苏	0~230	231~400	超过 400	0.5283	0.5783	0.8283	苏价工〔2012〕182 号
浙江	0~230	231~400	超过 400	0.5380	0.5880	0.8380	浙价资〔2012〕169 号
安徽	0~180	181~350	超过 350	0.5653	0.6153	0.8653	皖价商〔2012〕121 号
福建	0~230	231~420	超过 420	0.4983	0.5483	0.7983	闽价商〔2016〕298 号
江西	0~180	181~350	超过 350	0.6000	0.6500	0.9000	赣发改价字〔2012〕1229 号
山东	0~210	211~400	超过 400	0.5469	0.5969	0.8469	鲁价格一发〔2014〕87 号
河南	0~180	181~260	超过 260	0.5222	0.5722	0.8222	豫发改价管〔2012〕808 号
湖北（已开征城市附加费）	0~180	181~400	超过 400	0.5700	0.6200	0.8700	鄂价环资〔2015〕12 号
湖北（未开征城市附加费）	0~180	181~400	超过 400	0.5580	0.6080	0.8580	鄂价环资〔2015〕12 号
湖北（武汉市已开征城市附加费）	0~180	181~400	超过 400	0.5730	0.6230	0.8730	鄂价环资〔2015〕12 号
湖南（春秋季）	0~200	201~350	超过 350	0.5880	0.6380	0.8880	湘发改价商〔2015〕958 号
湖南（冬夏季）	0~200	201~450	超过 450	0.5880	0.6380	0.8880	湘发改价商〔2015〕958 号
广东（夏季）	0~260	261~600	超过 600	0.7000	0.7500	1.0000	粤价〔2012〕135 号

续表

地区	一户一表 分档电量（千瓦时/月）			一户一表（不满1千伏） 分档电价（元/千瓦时）			数据来源
	一档	二档	三档	一档	二档	三档	
广东 （非夏季）	0~200	201~400	超过400	0.7000	0.7500	1.0000	粤价〔2012〕135号
广西	0~230	231~370	超过370	0.5283	0.5783	0.8283	桂价格〔2016〕63号
海南 （夏季）	0~220	221~360	超过360	0.6083	0.6583	0.9083	琼价价管〔2012〕344号
海南 （冬季）	0~160	161~290	超过290	0.6083	0.6583	0.9083	琼价价管〔2012〕344号
重庆	0~200	201~400	超过400	0.5200	0.5700	0.8200	渝价〔2015〕268号
四川	0~180	181~280	超过280	0.5224	0.5724	0.8224	川发改价格〔2012〕560号
贵州	0~250	251~392	超过392	0.4556	0.5056	0.7556	黔发改价格〔2016〕1299号
云南	131~300	301~390	超过390	0.4500	0.5000	0.8000	云政办发〔2016〕73号
陕西	0~180	181~350	超过350	0.4983	0.5483	0.7983	陕价商发〔2012〕73号 陕价商发〔2016〕56号
甘肃	0~160	161~240	超过240	0.5100	0.5600	0.8100	甘发改商价〔2012〕881号
青海	0~150	151~230	超过230	0.3771	0.4271	0.6771	青发改价格〔2012〕852号
宁夏	0~170	171~260	超过260	0.4486	0.4986	0.7486	宁价商发〔2012〕51号

注：①江西的数据来自江西省发改委商品价格管理处。网址：http://www.jxdpc.gov.cn/departmentsite/sjc/jggl_3863/spjggl/dj/201206/t20120630_73657.htm。

②广东省各市的电价有差异，汕头、潮州、揭阳、汕尾和云浮5市的第一档居民电价每千瓦时0.70元。中山市的第一档居民电价每千瓦时0.64元。网址：http://www.gdzs.csg.cn/art/service/201606/5343.html。

③云南省为进一步优化城乡居民生活用能结构，减少薪柴砍伐和煤炭等一次能源消耗，自2016年8月1日起实行"以电代柴""以电代煤"的用电价格方案（云政办发〔2016〕73号），居民用户每户每年1560千瓦时的用电量按电能替代的用电价格执行。

由表5-1可以看出，各地区的阶梯电价分档电量水平及电价水平都有较大差异。下面从分档电量和电价两个方面进行比较分析。

1. 阶梯电价分档电量水平比较

分档电量水平较低的地区主要包括甘肃、宁夏、青海等西部地区，以及河北、山西、内蒙古、吉林、黑龙江、辽宁等华北和东北地区。分档电量水平较高的地区主要包括广东、广西、贵州、云南等南方地区，上海、江苏、浙江等东部沿海地区，以及北京、天津等。

（1）第一档电量水平分类。第一档电量在150～260千瓦时之间，最低的是青海地区，第一档电量仅150千瓦时以内，最高的是上海和广东的夏季分档电量，为260千瓦时以内。

第一档电量低于200千瓦时的地区包括：甘肃和海南的冬季（160千瓦时以内）；山西、内蒙古、吉林、黑龙江和宁夏（170千瓦时以内）；河南、河北、辽宁、四川、安徽、江西、陕西和湖北（180千瓦时以内）。

第一档电量在200～250千瓦时的地区包括：湖南、广东的非夏季和重庆（200千瓦时以内）；山东（210千瓦时以内）；海南的夏季和天津（220千瓦时以内）；广西、江苏、浙江、福建（230千瓦时以内）；北京（240千瓦时以内）；贵州（250千瓦时以内）。

（2）第二档电量水平分类。第二档分档电量是在第一档的基础上增加80～340千瓦时不等，电量水平在230~600千瓦时之间。最低的还是青海，第二档电量为230千瓦时；最高的是广东的夏季，达到600千瓦时。

第二档电量在300千瓦时以下的地区包括：甘肃（上限240千瓦时）；山西、内蒙古、吉林、黑龙江、宁夏和河南（上限260千瓦时）；河北、辽宁和四川（上限280千瓦时）；海南的冬季（上限290千瓦时）。

第二档电量在300~400千瓦时的地区包括：安徽、江西、陕西和湖南（春秋季）（上限350千瓦时）；海南的夏季（上限360千瓦时）；广西（上限370千瓦时）；云南（上限390千瓦时）；贵州（上限392千瓦时）。

第二档电量为400千瓦时及以上的地区包括：湖北、广东的非夏季、重庆、山东、天津、江苏、浙江、北京和上海（上限400千瓦时）；福建（上限420千瓦时）；湖南（冬夏季）（上限450千瓦时）；广东的夏季（上限600千瓦时）。

2. 阶梯电价比较

阶梯电价的第二档电价通常比第一档高0.05元，第三档电价比第一档高0.3元，因此主要比较各地区第一档电价水平。第一档电价在0.37~0.70元/千瓦时之间，最低的是青海，第一档电价为0.3771元/千瓦时；最高的是广东，第一档电价为 0.7 元/千瓦时。

其他 27 个地区中，第一档电价在 0.5 元/千瓦时以下的有 10 个地区：内蒙古（平均约为 0.47 元/千瓦时）、宁夏（平均约 0.45 元/千瓦时）、云南（平均约 0.45 元/千瓦时）、贵州（平均约 0.46 元/千瓦时）、山西（平均约 0.48 元/千瓦时）、北京（平均约 0.49 元/千瓦时）、天津（平均约 0.49 元/千瓦时）、福建（平均约 0.50 元/千瓦时）、陕西（平均约 0.50 元/千瓦时）和辽宁（平均约 0.50 元/千瓦时）。

第一档电价 0.5~0.55 元/千瓦时之间的有 11 个地区：黑龙江（约 0.51 元/千瓦时）、甘肃（约 0.51 元/千瓦时）、河北（约 0.52 元/千瓦时）、重庆（约 0.52 元/千瓦时）、河南（约 0.52 元/千瓦时）、四川（约 0.52 元/千瓦时）、吉林（约 0.53 元/千瓦时）、江苏（约 0.53 元/千瓦时）、广西（约 0.53 元/千瓦时）、浙江（约 0.54 元/千瓦时）、山东（约 0.55 元/千瓦时）。

第一档电价在 0.55~0.62 元/千瓦时之间的有 6 个地区：湖北（平均约 0.56 元/千瓦时）、安徽（平均约 0.57 元/千瓦时）、湖南（平均约 0.59 元/千瓦时）、江西（平均约 0.60 元/千瓦时）、海南（平均约 0.61 元/千瓦时）和上海（平均约 0.62 元/千瓦时）。

第三节　基于用电时段的分时电价

电力作为一种特殊商品，其生产与消费瞬时完成，电能无法大规模存储，因此发电企业需要根据用户的电力需求决定发电量。用户的用电负荷特性、用电规模及电压等级、用电时段都会影响供电成本。为了满足用户高峰时段的用电，发电企业需要根据最大用电需求确定发电设备的建设规模，这就导致发电设备在用电低谷时段或非高峰时段大量闲置。高峰时段用电需求与低谷时段用电需求差距越大，设备在低谷时段闲置就越多，造成资源利用率低，发电企业高峰时段的供电成本就越高。

阶梯电价仅考虑用电总量差异，而未考虑用电时段的不同，无法反映不同时段供电成本的差异，而分时电价则是在不同时段设定不同的价格，便于引导用户调整用电结构。用户可以根据自己的用电弹性选择经济的用电时间，将峰时用电转移至谷时，提高低谷时段用电量，进而提高发电设备的利用率，实现降低成本和节约资源的目的。

具体来讲，分时电价是根据电网的负荷特征，将一天 24 小时分为多个时段，如高峰、低谷两个时段，或者高峰、平时段和低谷三个时段，分别设定价格。通过调低低谷时段的价格和提升高峰时段的价格，利用价格杠杆引导用户调整其用电结构，将峰时用电转移至谷时，从而达到错峰平谷的目的。分时电价也可以根据季节不同，对不同的季节设定不同的价格，从而平衡季节负荷。

一、居民峰谷分时电价试点

2001~2003 年，部分省市就已开展了居民用电峰谷分时电价试点，包括浙江、上海、四川、江苏等。其中，浙江省自 2001 年开始居民峰谷分时电价试点，居民峰谷分时电价的峰时为 8：00—22：00，电价 0.56/千瓦时，谷时为 22：00—次日 8：00，电价 0.28 元/千瓦时，峰谷电价比为 2：1（施建锁，2006；邵伟明，2003）。

上海自 2001 年 2 月启动居民分时计价电表安装工程，居民峰谷分时电价的峰时为 6：00—22：00，电价 0.61/千瓦时，谷时为 22：00—次日 6：00，电价 0.35 元/千瓦时。2002 年开始，谷时电价调整为 0.30 元/千瓦时（施泉生和谢辉，2001）。夜间电价减半有助于促使居民在系统负荷低谷时段多用电，提高电网负荷率。

四川在 2001 年执行丰水期、枯水/平水期的峰谷分时电价。已安装分时计量装置的客户，在丰水期高峰或平段用电价格为 0.295 元/千瓦时；在丰水期低谷时段用电价格为 0.118 元/千瓦时。在枯水期和平水期的高峰、平段用电 0.4027 元/千瓦时；低谷时段 0.1965 元/千瓦时。未安装分时计量装置的客户，丰水期用电价格为 0.295 元/千瓦时；枯水期、平水期用电价格为 0.4027 元/千瓦时[①]。

---

① 《关于进一步明确电网优惠电价措施的补充通知》（川价字工〔2001〕39 号文件），http：//www.my. gov. cn/bmwz/937876825718128640/20060522/91483. html。

江苏 2003 年试行居民用电峰谷分时电价，居民峰谷分时电价的峰时为 8：00—21：00，电价 0.55/千瓦时，谷时为 21：00—次日 8：00，电价 0.3 元/千瓦时[①]。

二、居民峰谷分时电价推广

2011 年国家发展和改革委员会制定《关于居民生活用电试行阶梯电价的指导意见》（以下简称《指导意见》）（发改价格〔2011〕2617 号），要求各地区应鼓励居民用电实行峰谷分时电价，并由居民自行选择是否执行峰谷分时电价。对于选择分时电价的居民用户，电网企业为其免费安装峰谷分时计量表计。根据国家发展和改革委员会的《指导意见》，安徽、福建、江西、广东、和甘肃等省份在推广居民阶梯电价的同时出台了居民峰谷分时电价政策，居民用户可自主选择是否执行峰谷电价政策。

2013 年《国家发展和改革委员会关于完善居民阶梯电价制度的通知》（发改价格〔2013〕2523 号）（以下简称《通知》）要求各地区鼓励居民用户参与电力移峰填谷，在保持居民用电价格总水平基本稳定的前提下，全面推行居民峰谷电价。《通知》同时要求尚未出台居民峰谷电价的地区，要在 2015 年底前制定并颁布居民用电峰谷电价政策，并由居民用户选择执行；已经出台居民峰谷电价的地区，根据实施情况和电力负荷变化情况及时调整和完善峰谷电价政策，同时加大宣传力度，从而提升峰谷电价政策实施效果。

河北、山西、山东和河南等省份于 2013～2016 年推广了居民峰谷分时电价政策。其中，河北省于 2013 年在石家庄市开展居民生活用电峰谷分时电价试点（冀价管〔2013〕58 号），于 2014 年扩大居民用电峰谷分时电价试点范围，将石家庄市区、承德市区、武安市、阜城县、宽城县和滦平县纳入试点范围（冀价管〔2014〕123 号），并于 2015 年发布《关于居民用电实行峰谷分时电价政策的通知》（冀价管〔2015〕185 号），在全省范围内由居民用户选择执行峰谷分时电价政策。

[①] 《省物价局关于居民用电试行峰谷分时电价的通知》（苏价电传〔2003〕41 号），http：//www. ntda. gov. cn/wjzxqw/W2050014070. htm。

山西自 2016 年 1 月 1 日起在全省范围内对居民用电试行峰谷分时电价政策（晋价商字〔2015〕357 号），用户可自愿选择是否执行峰谷分时电价政策，如果选择执行，则执行时间至少为一年。对于选择执行峰谷分时电价的用户，需向当地电网企业申请，电网企业为其免费安装峰谷分时电能表。

山东自 2016 年 1 月 1 日至 2017 年 12 月 31 日开展居民生活用电峰谷分时电价政策试点（鲁价格一发〔2015〕127 号），由居民用户自愿选择。主要针对国家电网山东省电力公司直接抄表、收费到户的城乡居民用户，即"一户一表"用户。

河南于 2015 年选择郑州市世纪家苑小区、许昌市帕拉帝奥小区试行居民峰谷分时电价政策，并确定了峰谷分时电价。峰时（8 时—22 时）电价在阶梯电价第一档电价的基础上每千瓦时提高 0.03 元，谷时（22 时—次日 8 时）电价在阶梯电价第一档电价的基础上每千瓦时降低 0.12 元（豫发改办价管〔2015〕64 号）。

三、居民峰谷分时电价汇总

根据各省（自治区、直辖市）物价局或发展和改革委员会公布的相关文件，本节整理汇总了已试行居民峰谷分时电价地区的峰谷电价及峰谷时段划分，具体见表 5-2 和表 5-3。试行居民峰谷分时电价的地区同时实行峰谷分时电价和阶梯电价，即第二档和第三档电量的峰谷电价分别在第一档电价的基础上每千瓦时提高 0.03 元和 0.30 元。上海第二档电量的峰、谷电价在第一档电价的基础上每千瓦时分别提高 0.06 元和 0.03 元，第三档电量的峰、谷电价在第一档电价的基础上每千瓦时分别提高 0.36 元和 0.18 元。

表 5-2 汇总了居民用电时段划分为峰、谷两个时段的居民分时电价，共包括 9 个省（自治区、直辖市）。大部分地区划分的高峰时段为 8 时—22 时，低谷时段为 22 时—次日 8 时。上海和江苏的时段划分与其他地区略有不同，上海的高峰时段为 6 时—22 时，低谷时段为 22 时—次日 6 时。江苏的高峰时段为 8 时—21 时，低谷时段为 21 时—次日 8 时。

大部分地区高峰时段的电价比"一户一表"居民用户阶梯电价（电压等级不满 1 千伏）第一档电价的提高 5%~6%（每千瓦时提高 0.03 元）；低谷时段的

电价是在第一档电价的基础上降低 20%~50%（每千瓦时降低 0.12~0.31 元）。其中，江西的峰、谷电价分别较阶梯电价第一档电价提高 5% 和降低 20%。上海的高峰时段电价维持阶梯电价第一档电价，但低谷时段电价较第一档电价降低 50%。

表 5-2　居民峰、谷分时电价及时段划分

地区	用户类型	电度电价		峰谷划分		数据来源
		高峰	低谷	高峰	低谷	
河北	一户一表（不满 1 千伏）	0.5500	0.3000	8：00—22：00	22：00—8：00	冀价管〔2015〕185 号
	一户一表（1 千伏及以上）	0.5000	0.2700			
	合表（不满 1 千伏）	0.5700	0.3100			
	合表（1 千伏及以上）	0.5200	0.2800			
山西	一户一表（不满 1 千伏）	0.5070	0.2862	8：00—22：00	22：00—8：00	晋价商字〔2015〕357 号
	一户一表（1 千伏及以上）	0.4970	0.2802			
	其他（不满 1 千伏）	0.5170	0.2922			
	其他（1 千伏及以上）	0.5070	0.2862			
上海	第一档（0~260 千瓦时/月）	0.6170	0.3070	6：00—22：00	22：00—6：00	沪发改价管（2012）020 号
	第二档（261~400 千瓦时/月）	0.6770	0.3370			
	第三档（超过 400 千瓦时/月）	0.9770	0.4870			
江苏	一户一表	0.5500	0.3000	8：00—21：00	21：00—8：00	苏价电传〔2003〕41 号
浙江	一户一表（不满 1 千伏）	0.5680	0.2880	8：00—22：00	22：00—8：00	浙江省价费政策公布平台
福建	一户一表	0.5283	0.2983	8：00—22：00	22：00—8：00	福建省物价局
江西	一户一表	0.6300	0.4800	8：00—22：00	22：00—8：00	江西省发改委商品价格管理处
山东	一户一表	0.5769	0.3769	8：00—22：00	22：00—8：00	鲁价格一发〔2015〕127 号
河南	一户一表	0.5522	0.4022	8：00—22：00	22：00—8：00	豫发改办价管〔2015〕64 号

　　注：部分地区的文件中未注明居民用户电压等级，或者实施范围仅包括电压等级不满 1 千伏的居民用户。

表 5-3 居民峰—平—谷分时电价及时段划分

地区	用户类型	电度电价			峰谷划分			数据来源
		高峰	平段	低谷	高峰	平段	低谷	
安徽	一户一表（不满1千伏）		0.5953	0.3153		8:00—22:00	22:00—8:00	皖价商〔2016〕82号
广东	一户一表	1.0068	0.6102	0.3051	14:00—17:00 19:00—22:00	8:00—14:00 17:00—19:00 22:00—24:00	0:00—8:00	粤价〔2012〕135号；中山市电价目录
甘肃	一户一表（不满1千伏）	0.7590	0.5100	0.2610	8:00—11:30 15:00—16:00 18:30—22:00 酒玉电网	7:00—8:00 11:30—15:00 16:00—18:30 22:00—23:00 酒玉电网	23:00—7:00	甘发改商价〔2011〕2077号
	一户一表（1千伏及以上）	0.7440	0.5000	0.2560	8:00—11:30 15:30—16:30 19:00—22:00	7:00—8:00 11:30—15:30 16:30—19:00 22:00—23:00	23:00—7:00	

注：广东居民峰谷电价政策的平段电价以各地现行居民电价水平为基础，峰段、平段和谷段的电价比为 1.65∶1∶0.5。广东各城市的电价有差异，这里仅列示了中山市的电价水平。中山市电价目录（从 2016 年 6 月 1 日起执行）第一档居民电价不含政府性基金及附加为每千瓦时 0.6102 元，含政府性基金及附加加为每千瓦时 0.6102 元。网址：http://www.gdzs.csg.cn/art/service/201606/5343.html。

表 5-2 中各地区的峰谷电价比为 1.3∶1~2.0∶1，其中江西、山东和河南的峰谷电价差较小，在 0.15~0.20 元之间，峰谷电价比为 1.3∶1~1.5∶1。而上海和江苏的峰谷电价差较大，分别为 0.31 元和 0.25 元，峰谷电价比约为 2.0∶1。

另外，有三个省份将居民用电时段划分为峰、平、谷三个时段或平、谷两个时段，分别是安徽、广东和甘肃。表 5-3 汇总了这三个省份的分时电价时段划分及电价。安徽将居民用电时段划分为平、谷两个时段，平段为 8 时—22 时，低谷时段为 22 时—次日 8 时，平谷电价比为 1.9∶1，根据表 5-3、表 5-1 中安徽数据计算，平段电价是在阶梯电价第一档电价的基础上每千瓦时提高 0.03 元，低谷时段电价是在阶梯电价第一档电价的基础上每千瓦时降低 0.25 元。

广东和甘肃的时段划分与其他地区相比较详细，将居民用电划分高峰、平段和低谷三个时段，并且两个省份的具体时段划分也不相同。广东的峰谷电价差较大，达到 0.70 元，峰、平、谷三个时段的电价比约为 1.65∶1∶0.50。甘肃的峰谷电价差为 0.50 元，峰、平、谷三个时段的电价比为 1.49∶1∶0.51。

本章小结

价格是促进供需平衡的有效工具。电力作为一种特殊商品，是居民生活的基础，中国居民生活用电的价格在制定时不仅考虑供电成本，更多的考虑居民的价格承受能力，因此中国居民生活用电的价格长期低于供电成本，存在工业用电补贴居民用电的交叉补贴、高收入人群获得的补贴大于低收入人群、电力过度消费等问题。为了体现电力的资源价值，促进资源节约和环境友好型社会建设，适当调整长期对居民用电采取的低价优惠政策，逐步减少电价交叉补贴，引导居民合理用电、节约用电，提高能源使用效率，国内学者和政府对居民生活用电价格进行了广泛研究，实施了多种居民生活用电价格政策，包括居民阶梯电价、居民分时电价、阶梯电价与分时电价结合的电价政策。本章对居民生活用电价格政策的调整进行梳理，对现行的价格政策进行汇总，为进一步研究居民生活用电价格调节政策提供基础。

第六章　基于 Agent 模型的
家庭电力负荷模拟[①]

通过价格调节家庭电力消费的时间模式，进而降低电力消费的峰谷差，不仅可以提高电力系统的稳定性，减少电源和电网重复投资，降低总的供电成本，还可以提高可再生能源发电的比例，减少供电能耗及碳排放。为了制定合理的动态价格，首先我们需要了解家庭的电力负荷特征。由于目前电力系统尚未广泛采集每个家庭一天 24 小时的用电数据，仅采集各线路的整体用电数据，因此无法获得家庭层面的电力负荷，也无法了解家庭中各类电器的用电情况，可是，这些数据是研究家庭电力需求对价格变化响应的基础，因此本章借鉴国外的方法（Richardson 等，2010；Widen 等，2009；Zheng 等，2014），构建自下而上的家庭电力负荷模型。

每个家庭的电力负荷为各电器的负荷之和，而每种电器在一个运行周期内的耗电量基本固定，对于与个体活动无关的电器，例如冰箱，每天运行的时间为 24 小时，直接计算电器用电。对于与个体活动相关的电器，各电器 24 小时的耗电量取决于电器开启与关闭的时间，这又取决于家庭成员各类活动的时间安排。本章通过设计家庭调查问卷，并利用家庭问卷调查的结果构建家庭电力负荷模型，然后利用一个居民小区实际用电数据对模型拟合结果进行检验，以验证模型的精确性。

[①]　本章部分内容已发表，具体请参见 Hongxia Wang, Hong Fang, Xueying Yu, Sai Liang. How Real Time Pricing Modifies Chinese Households' Electricity Consumption [J]. Journal of Cleaner Production, 2018, 178 (3)：776-790.

第一节　家庭问卷调查设计

家庭的电力消费模式取决于家庭成员个体的微观活动及相应的电器使用。家庭成员每天在家的时间、住所内各项活动的时间安排、电器的拥有情况都会影响家庭各时间段的用电量。因此，家庭问卷调查的内容包括四部分：家庭成员基本情况、家庭成员日常活动的时间及所使用的电器、电器拥有情况、家庭需求响应意向。问卷的第一部分和第二部分参考国家统计局 2008 年数据，利用调查问卷设计，并根据预调查的结果调整；第三部分涵盖家庭主要电器；第四部分根据研究家庭用电影响因素的文献设计。

一、家庭成员时间利用调查

本章采用随机抽样的方法选取样本家庭，考虑城乡能源使用模式的差异，本章的研究主要针对城市家庭。另外，生产性用电与生活用电的影响因素有很大差异，本章的研究调查对象不包括存在生产性用电的家庭。

家庭常住人口的社会经济特征往往会影响其用电行为、用电量以及对电价的敏感程度。问卷的第一部分对家庭常住人口基本信息进行记录。包括家庭常住人口的社会经济特征，如人口规模、与户主关系、性别、年龄、月收入、受教育程度、婚姻状况、职业、在住所居住的时间，如表 6-1 所示。另外，通过记录家庭成员在家居住的时间，可以了解家庭常住人口数。为了便于统计分析家庭常住人口的社会经济特征，问卷参考国家统计局 2008 年数据，利用调查问卷设计了标准选项。

表 6-1　家庭成员基本情况

家庭成员编号	与户主关系	性别	年龄	月收入	受教育程度	婚姻状况	职业	2015 年平均每月在住所居住时间（天）
01								
02								
03								
04								
05								
06								
07								
08								
	0. 户主 1. 配偶 2. 子女 3. 父母 4. 岳父母或公婆 5. 祖父母 6. 媳婿 7. 孙子或孙女 8. 兄弟姐妹 9. 其他	1. 男 2. 女	1. 3 岁以下 2. 3~15 岁 3. 16~25 岁 4. 26~30 岁 5. 31~40 岁 6. 41~50 岁 7. 51~60 岁 8. 61~70 岁 9. 71~80 岁 10. 80 岁以上	1. 没有收入 2. 500 元以下 3. 500~1000 元 4. 1000~2000 元 5. 2000~5000 元 6. 5000~10000 元 7. 10000 元以上	1. 未上过学 2. 小学 3. 初中 4. 高中（中专中职） 5. 大学专科 6. 大学本科 7. 研究生及以上	1. 未婚 2. 有配偶 3. 丧偶 4. 离婚	1. 工人 2. 职员 3. 务农农民 4. 务工农民 5. 经商农民 6. 司售人员 7. 服务人员 8. 干部 9. 教科文卫体人员 10. 个体工商业者 11. 私营业主 12. 无业（失业）人员 13. 离退休人员 14. 在校学生 15. 家务劳动者 16. 其他	1. 小于 10 天 2. 10~20 天 3. 20 天以上

问卷第二部分记录家庭成员的日常活动及所使用的电器。该部分调查 10 岁

以上家庭成员 24 小时的日常活动，并区分工作日和休息日。主要活动包括个人卫生活动（日常洗漱活动、洗浴活动、帮小孩洗澡、帮老人洗澡），家务劳动（做饭、洗衣服、室内清洁）以及娱乐/学习活动（看电视、上网）（如表 6-2 所示）。

表 6-2　活动日志

活动内容	开始时间	结束时间	请选择该活动使用的电器，如未使用电器，请选择"无"；如使用其他电器，请注明电器名称				
	（请选择 0：00—24：00)						
1. 早上洗漱			1. 电热水器	2. 浴霸	3. 电吹风	4. 其他___	5. 无
2. 做早饭			1. 电磁炉	2. 电饭煲	3. 电锅	4. 微波炉	5. 电热水壶　6. 无
3. 早上洗衣服			1. 洗衣机	2. 烘干机	3. 电熨斗	4. 其他___	5. 无
4. 早上看电视/上网			1. 电视	2. 电脑	3. 灯	4. 其他___	5. 无
5. 中午做饭			1. 电磁炉	2. 电饭煲	3. 电锅	4. 微波炉	5. 电热水壶　6. 无
6. 下午洗衣服			1. 洗衣机	2. 烘干机	3. 电熨斗	4. 其他___	5. 无
7. 下午看电视/上网			1. 电视	2. 电脑	3. 灯	4. 其他___	5. 无
8. 做晚饭			1. 电磁炉	2. 电饭煲	3. 电锅	4. 其他___	5. 电热水壶　6. 无
9. 晚上看电视/上网			1. 电视	2. 电脑	3. 灯	4. 其他___	5. 无
10. 晚上洗漱			1. 电热水器	2. 浴霸	3. 电吹风	4. 其他___	5. 无
11. 帮小孩/老人洗澡			1. 电热水器	2. 浴霸	3. 电吹风	4. 其他___	5. 无
12. 晚上洗衣服			1. 洗衣机	2. 烘干机	3. 电熨斗	4. 其他___	5. 无
13. 室内清洁			1. 吸尘器	2. 灯	3. 电视	4. 其他___	5. 无

　　为了方便被调查者回忆日常活动的时间，根据预调查的结果，将一天分为早上、中午、下午、晚上四个时段，并在问卷中列出会用到电器的具体名称以及可

能会使用的电器。为了防止遗漏家庭某项活动可能使用的电器，在选项中增加了"其他___"，便于被调查者补充填写问卷中未列出的电器。例如，早上洗漱可能用到的电器通常包括："1. 电热水器，2. 浴霸，3. 电吹风"。问卷中增加了选项"4. 其他___"。

二、家庭电器拥有情况调查

家庭对特定电器的拥有情况会直接影响家庭用电情况，问卷的第三部分对电器拥有情况进行调查，调查内容包括家庭拥有每种电器的数量和平均每天使用时间（如表6-3所示）。家用电器根据用途主要分为八类：浴室、洗衣、厨房、娱乐、制冷/取暖、清洁、照明以及交通工具。为了防止问卷中未能全面列举所有电器，表6-3增加了"其他电器"，并在表后增加了附注"注：如有表内未包括的电器，可附页填写相关信息。具体填写方式参见本表"。

表6-3　家庭电器拥有情况

序号	分类	电器名称	数量	平均每天使用时间（小时）	
				工作日	休息日
1	浴室	电热水器			
2		浴霸（取暖灯）			
3		电吹风机			
4	洗衣	洗衣机			
5		烘干机			
6		电熨斗			
7	厨房	冰箱		24	24
8		电饭煲			
9		电锅			
10		电磁炉			
11		微波炉			
12		电热水器			
13		电热水壶			

续表

序号	分类	电器名称	数量	平均每天使用时间（小时）	
				工作日	休息日
14	娱乐	电视机-客厅			
15		电视机-卧室			
16		电脑			
17	制冷/取暖	空调-客厅			
18		空调-卧室			
19		电暖			
20	清洁	吸尘器			
21	交通工具	电动自行车			
22		电动摩托车			
23		电动汽车			
24	其他电器				

注：如有表内未包括的电器，可附页填写相关信息。具体填写方式参见本表

三、家庭需求响应意向调查

问卷的第四部分对家庭的需求响应意向进行记录（如表 6-4 所示）。另外，根据第一章文献调查的结果，家庭的住房特征（住房面积，卧室个数）、家庭成员对电价政策的了解程度、节能态度都会影响其对电价的需求响应。我们在问卷中设计了问题 Q0-1 至 Q0-4，主要记录家庭的住房特征、对电价政策的了解程度、夏季空调的使用情况和冬季电暖的使用情况。问题 Q1-1 至 Q1-5，主要记录家的节能态度及动态电价的经济效益、环境效益对家庭是否采用动态电价的影响。问题 Q2-1 至 Q2-7，主要记录家庭每月平均电费支出，家庭对电价或电费支出变化的敏感程度，其中，问题 Q2-3 至 Q2-6 分别记录当价格变化多大程度时家庭会调整四类不同活动的用电。

表 6-4　活动日志表后问题

Q0-1. 您家住房面积是_____平方米，有_____个卧室。

Q0-2. 请选择您所在地区实行的电价政策_____（1）阶梯电价　（2）峰谷分时电价　（3）不了解

Q0-3. 您家空调**夏季**温度设定范围是_____摄氏度，**冬季**温度设定范围是_____摄氏度。

请从下面 24 小时中勾选您家空调夏季使用的时间段，1 代表 1: 00—1: 59。

（1，　2，　3，　4，　5，　6，　7，　8，　9，　10，　11，　12，　13，　14，　15，

16，　17，　18，　19，　20，　21，　22，　23，　24）

Q0-4. 请选择您家冬季使用的电器_____（1）空调　（2）电暖　（3）都不使用

如冬季使用空调或电暖，请从下面 24 小时中勾选您家空调或电暖使用的时间段。

（1，　2，　3，　4，　5，　6，　7，　8，　9，　10，　11，　12，　13，　14，　15，

16，　17，　18，　19，　20，　21，　22，　23，　24）

节能态度及节能行为

您是否同意以下 5 个陈述（Q1-1 至 Q1-5）？1 表示完全同意，5 表示完全不同意。

Q1-1. 如果选择采用动态电价（即每小时的电价都在变化）可以帮我节省电费，我会采用。

请选择　　1 完全同意　　2 同意　　3 中立　　4 不同意　　5 完全不同意

Q1-2. 如果采用动态电价可以节省电费，即使这需要购买额外设备，我也会采用。

请选择　　1 完全同意　　2 同意　　3 中立　　4 不同意　　5 完全不同意

Q1-3. 如果采用动态电价可以减少污染或节约能源，即使这会给我的生活带来不便，我也会采用。

请选择　　1 完全同意　　2 同意　　3 中立　　4 不同意　　5 完全不同意

Q1-4. 我有随手关灯的习惯。

请选择　　1 完全同意　　2 同意　　3 中立　　4 不同意　　5 完全不同意

Q1-5. 我会提高夏季空调温度，以便节省用电。

请选择　　1 完全同意　　2 同意　　3 中立　　4 不同意　　5 完全不同意

需求响应

请您回答以下 7 个问题（Q2-1 至 Q2-7）。

Q2-1. 您家每个月平均电费支出为：春秋季每个月____元；夏季每个月____元；冬季每个月____元。

Q2-2. 当每月电费增加多少时，您会开始调整用电量？

A. 增加 2~5 元　　　B. 增加 5~10 元　　　C. 增加 10~20 元　　　D. 增加 20~30 元

E. 增加 30 元以上　　F. 不会调整

Q2-3. 当个人卫生活动时段的每千瓦时电费提高多少时，您会调整个人卫生活动的时间？

A. 提高 0.02~0.05 元　B. 提高 0.05~0.1 元　C. 提高 0.1~0.2 元　　D. 提高 0.2~0.5 元

E. 提高 0.5 元以上　　F. 不会调整

Q2-4. 当做饭时段的每千瓦时电费提高多少时，您会调整做饭的时间？

A. 提高 0.02~0.05 元　B. 提高 0.05~0.1 元　C. 提高 0.1~0.2 元　　D. 提高 0.2~0.5 元

E. 提高 0.5 元以上　　F. 不会调整

Q2-5. 当洗衣、室内清洁等时段每千瓦时电费提高多少时，您会调整相关活动的时间？

A. 提高 0.02~0.05 元　B. 提高 0.05~0.1 元　C. 提高 0.1~0.2 元　　D. 提高 0.2~0.5 元

E. 提高 0.5 元以上　　F. 不会调整

Q2-6. 当娱乐、学习时段的每千瓦时电费提高多少时，您会调整相关活动的时间？

A. 提高 0.02~0.05 元　B. 提高 0.05~0.1 元　C. 提高 0.1~0.2 元　　D. 提高 0.2~0.5 元

E. 提高 0.5 元以上　　F. 不会调整

Q2-7. 当动态电价每月节约多少电费时，您会考虑采用动态电价（即 24 小时电价随时间变化）？

A. 节约 2~5 元　　　B. 节约 5~10 元　　　C. 节约 10~20 元　　　D. 节约 20~30 元

E. 节约 30 元以上　　F. 不会采用

第二节 家庭问卷调查结果

本章于 2015 年 5 月以山西省运城市为采样地点，对家庭的时间利用、电器拥有和使用情况以及需求响应意向进行调查。为了充分考虑收入水平对家庭电力消费的影响，我们选取房价不同的小区作为抽样框，因为房屋作为重要的家庭资产，其价格可以在一定程度上反映家庭社会经济状态。在选定的抽样框中，采取随机数的方式随机选取 250 户家庭进行抽样调查，收回有效问卷 236 份，问卷回收率为 94%。

一、样本家庭的社会经济特征

三口之家为最常见家庭类型，并且大多数家庭每月收入在 5000~10000 元（见表 6-5）。样本家庭的这些特征符合山西省运城市的家庭社会经济特征。根据山西省统计局和运城统计局公布的数据，2016 年家庭户平均人口为 3.2 人[①]，家庭户每月可支配收入约 6400 元[②]，95% 的置信区间为 5000~10000 元。另外，山西运城属于中等收入水平城市、人均用电也处于全国中等水平，因此问卷调查结果可以反映中国北方中等收入城市的情况。

表 6-5 样本家庭特征

项目	分类	样本数量	比例（%）
家庭规模 （单位：人）	1	9	4
	2	88	37
	3	96	41

---

① 2016 年山西省人口变动情况抽样调查主要数据公报，http://www.stats-sx.gov.cn/tjsj/tjgb/ndgb/201703/t20170313_80068.shtml.

② 2016 年运城市城乡居民收入稳步增长，http://www.stats-sx.gov.cn/sjjd/sxxx/201702/t20170204_79470.shtml.

续表

项目	分类	样本数量	比例（%）
家庭规模 （单位：人）	4	27	11
	5 及以上	16	7
	合计	236	100
家庭收入 （单位：元/月）	2000 以下	20	8
	2000~5000（不含 5000）	31	13
	5000~10000（不含 10000）	131	56
	10000 及以上	54	23
	合计	236	100
住房面积 （单位：平方米）	90 以下	44	19
	90~150（不含 150）	166	70
	150 及以上	26	11
	合计	236	100

二、家庭各类活动发生的概率

根据家庭问卷中时间利用调查表，我们可以计算在各时间段进行某项活动的家庭数量，进而计算其占总样本的比例，即为该项活动在该时间段发生的概率，结果如图 6-1 所示。

在娱乐活动、做饭、洗衣以及个人卫生活动四类活动中，娱乐活动几乎全天都会发生，晚上发生的概率较大，19：00—22：00 达到最高值，看电视或电脑的概率在 80% 左右，是上午和下午的四倍。做饭活动主要发生在早上（6：30—8：30）、中午（11：00—13：00）、晚上（17：00—19：00）三个时段。其中，中午 12：00 左右做饭的概率最高，达到 40% 左右，而做早饭的概率相对较低，仅 20% 左右。个人卫生活动主要集中在早晨（6：00—8：00）和晚上（20：00—22：00）。洗衣活动在全天分布相对均匀，但是发生的概率最小，概率最高的时段是晚上 20：00—22：00，10% 左右的家庭会发生洗衣活动。样本家庭在 0：00 至凌晨 5：00 的活动很少。

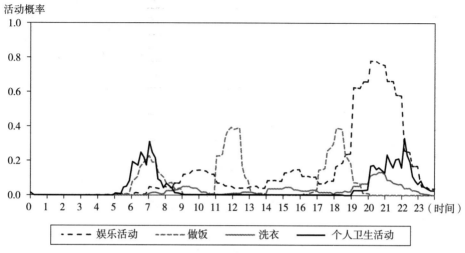

图 6-1　家庭各类活动概率

三、家庭电器拥有概率

根据问卷可以计算被调查家庭对各类电器的拥有情况（如表 6-6 所示），结果显示，70% 以上家庭浴室装有电热水器（74%）和取暖灯（91%）；所有被调查家庭都拥有洗衣机，而烘干机和电熨斗的拥有率较低，分别为 3% 和 29%；厨房电器中比较普遍的是冰箱（94%）、电磁炉（63%）、电饭煲（59%）、电热水壶（53%），而微波炉、厨房电热水器、电锅则不是很普遍，家庭拥有率低于 40%；娱乐使用的电器中，89% 的家庭客厅有电视，而卧室有电视的家庭仅占 38%，家庭对电脑的拥有率是 77%；空调也是家庭普遍拥有的电器，被调查家庭中，75% 的家庭客厅装有空调，85% 的家庭卧室装有空调；由于北方集中供暖比较普遍，电暖的使用率不高，拥有电暖的家庭仅占被调查家庭的 16%；另外，被调查家庭拥有清洁用的吸尘器、电动自行车、电动摩托车以及电动汽车的比例较小。

表 6-6　家庭电器拥有情况

分类	电器名称	拥有率（%）
浴室	电热水器	74
	浴霸（取暖灯）	91
	电吹风机	58
洗衣	洗衣机	100
	烘干机	3
	电熨斗	29
厨房	冰箱	94
	电饭煲	59
	电锅	27
	电磁炉	63
	微波炉	35
	电热水器	27
	电热水壶	53
娱乐	电视机（客厅）	89
	电视机（卧室）	38
	电脑	77
制冷/取暖	空调（客厅）	75
	空调（卧室）	85
	电暖	16
清洁	吸尘器	26
交通工具	电动自行车	31
	电动摩托车	10
	电动汽车	3

四、家庭需求响应意向

家庭需求响应的概率是模拟实时电价对家庭的电力消费调节作用的基础，此部分调查结果用于第五章分时电价及第六章实时电价需求响应模拟。在问卷中，询问被调查者"当个人卫生活动/做饭/洗衣/娱乐学习时段的每千瓦时电费提高多少时，您会调整个人卫生/做饭/洗衣/娱乐学习活动的时间?"。对于特定的活动，对于电价变化的不同程度，分别计算预计将根据价格变化调整相应活动时间的家庭数占总样本的比例，并用来代表家庭特定活动、特定价格变化的需求响应概率，具体结果参见表 6-7。值得注意的是，表 6-7 中的概率是累积概率。例如，根据调查，当个人卫生活动期间每千瓦时电价格增加 0.02 ~ 0.05 元时，7%的家庭将会改变他们的活动；当个人卫生活动期间每千瓦时电价格增加 0.05 ~ 0.1 元时，4%的家庭将改变他们的活动；那么当每千瓦时电价格上涨 0.05 ~ 0.1元时，家庭需求响应的概率为 11%（7%与 4%之和）。

表 6-7　家庭各用电活动对电价变化的响应概率　　　　　单位：%

价格变化（元/千瓦时）	个人卫生活动	做饭	洗衣	娱乐活动	平均
0.02 ~ 0.05	7	8	10	8	8
0.05 ~ 0.1	11	12	14	11	12
0.1 ~ 0.2	24	21	30	22	24
0.2 ~ 0.5	36	27	39	33	34
0.5 以上	51	39	57	48	49

表 6-7 汇总了当价格变化不同幅度时，家庭不同活动的用电需求可以调整的概率。当每千瓦时电价格上涨幅度小于 10%（即价格上升 0.02 ~ 0.05 元，初始平均电价为 0.5402 元/千瓦时），只有小部分家庭将调整自己的用电量（平均为8%）。当每千瓦时电价格上涨 10% ~ 20%（即 0.05 ~ 0.1 元）时，更多家庭将调整自己的用电量，响应概率平均值达到 12%。当每千瓦时电价格上涨 20% ~ 40%（0.1 ~ 0.2 元）时，调整自己用电量的家庭数量显著增加，响应概率增加一倍，达到 24%。响应概率最高的是当每千瓦时电价格增加超过 90%（0.5 元），平均值达到 49%左右。然而，即使每千瓦时电价格翻倍，仍有一半以上的家庭不计划采取行动来改变他们的电力需求，这在某种程度上表明家庭对电力价格的承受力高。这主要是因为电费支出占家庭收入的比例相对较小，根据问卷调查结果，电费支出占被调查家庭收入的比例小于 5%。

此外，家庭不同活动的用电需求对价格变化的响应存在较大差异。表 6-7 显示，当洗衣活动时段的每千瓦时电价上升超过 0.5 元时，57% 的家庭将会改变他们的洗衣活动。然而，当做饭活动时段的每千瓦时电价上升相同幅度（0.5 元以上）时，不到 40% 的家庭将会改变他们的做饭活动。当个人卫生活动时段每千瓦时电价上升超过 0.5 元时，51% 的家庭将会改变他们的个人卫生活动。当娱乐活动时段每千瓦时电价上升超过 0.5 元时，48% 的家庭将会改变他们的娱乐活动。

类似于电价变化，在问卷中，询问被调查者"当每月电费增加多少时，您会开始调整用电量?"。对于电费变化的不同程度，分别计算预计将根据电费变化调整用电量的家庭数占总样本的比例，并用来代表家庭对电费变化的需求响应概率，并根据每月电费变化程度计算平均每天电费变化程度，结果见表 6-8。结果表明，当每月电费增加不到 5 元时，只有 7% 的家庭将调整自己的用电量，家庭的响应概率为 7%。然而，当每月的电费增加超过 30 元时，59% 的家庭将调整自己的用电量，家庭的响应概率为 59%。

表 6-8　家庭对电费变化的响应概率

每月电费增加（元）	每天电费增加（元）	响应概率（%）
2.0~5.0	0.1~0.2	7
5.0~10.0	0.2~0.3	14
10.0~20.0	0.3~0.7	27
20.0~30.0	0.7~1.0	40
30.0 以上	1.0 以上	59

第三节　基于家庭 Agent 的电力负荷模型

通过文献调查发现，家庭电力负荷模拟通常采用自下而上的随机模型，通过模拟各电器每小时用电量，进而汇总得到家庭每小时用电总量。应用最广泛的自下而上模型是基于时间利用的模型。为了得到高频居民电力负荷数据，学者们将家庭成员的时间利用数据用于电力负荷预测（Capasso 等，1994；Muratori 等，2013；

Richardson 等, 2010；Sandels 等, 2014；Walker 和 Pokoski, 1985；Widen 等, 2009；Widén 等, 2009a；Widén 和 Wäckelgård, 2010；Zheng 等, 2014）。基于个体时间利用数据的电力负荷可以得到每个家庭成员的用电数据，而不是仅局限于家庭用电（Widén 等, 2009b）。Capasso（1994）首次提出自下而上的建模方法，利用家庭问卷调查获得的家用电器、家庭成员及其时间利用信息，模拟意大利家庭用电数据（Capasso 等, 1994）。随后被用来模拟英国家庭电力负荷数据（Richardson 等, 2010），瑞典居民用电和用水数据（Sandels 等, 2014；Widén 等, 2009a；Widén 和 Wäckelgård, 2010），美国家庭用电数据（Muratori 等, 2013）（Zheng 等, 2014）。该框架同样适用于中国。

本章参照 Richardson 等（2010）的模型，利用家庭问卷调查的结果，构建中国家庭电力负荷模型，该模型可以模拟出家庭各主要电器 24 小时的高频（以分钟为单位）用电数据。家庭电力负荷模型包括三个主要部分：一是电器拥有情况，二是家庭成员四类主要日常活动的时间，三是日常活动与电器使用的匹配。模型的基本数据来自问卷调查。首先，根据调查结果中家庭拥有某电器的概率确定家庭是否拥有某电器。其次，根据家庭成员日常活动日志计算各项活动（个人卫生、做饭、洗衣服和娱乐休闲）的概率分布（即每个时间段发生每类活动的概率），确定每个时段是否发生某项活动。最后，根据问卷中的电器使用情况，将日常活动情况与家用电器进行匹配，确定每个时段每种电器是否启动，如图 6-2 所示。

模型中的 Agent 为家庭，每个家庭拥有常用电器，可以自主决定用电量。在本书中，电器选取中国家庭中普遍使用的九种典型电器，包括冰箱、电磁炉、电热水壶、小型厨房电器（如微波炉、电饭煲等）、洗衣机、个人电脑、电视、浴室电热水器和灯。由于调查是在北方城市 5 月份进行的，实测数据也为 5 月份数据，因此不考虑空调用电量。具体模拟过程如下：

步骤 1：判断家庭是否拥有该电器。对于每个家庭和每个电器，生成（0，1）之间均匀分布的一个随机数，将随机数与电器拥有概率（见表 6-6）比较，用于确定家庭是否拥有该电器。如果随机数小于或等于电器拥有概率，则家庭拥有该电器，转到步骤 2；否则，家庭不拥有该电器，该电器的用电量为零。然后重复步骤 1，配置下一种电器。

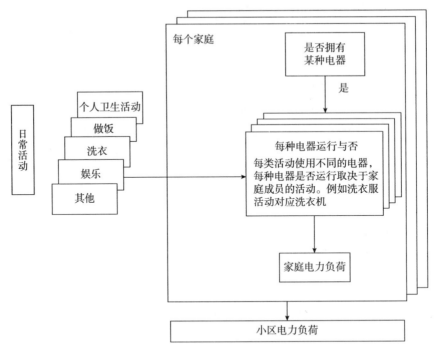

图 6-2　家庭电力负荷基本模型

步骤 2：判断电器是否已启动。在 [1，1440] 之间的每一分钟，检查该电器是否正在运行。如果电器已启动，则在工作周期未结束时继续运行。如果工作周期结束，则判断是否启动电器。如果该电器未启动，则转到步骤 3。电器运行模型如图 6-3 所示。

步骤 3：如果电器未启动，则利用随机数与调整后的活动概率判断是否启动电器。检查电器的启动是否取决于家庭成员的活动。如果电器运行与家庭成员的活动无关，则启动电器，并计算电器用电。如果电器运行取决于家庭成员的活动，生成（0，1）之间均匀分布的一个随机数，将随机数与相应活动的概率比较（见图 6-3）。如果随机数小于或等于后者，电器将启动，并计算电器用电。例如，冰箱的运行不依赖于家庭的活动，而电磁炉则需要家庭成员启动。电磁炉启动与否取决于做饭活动。因此，将生成的随机数与做饭活动的概率比较，如果随机数小于或等于后者，电磁炉将启动；如果随机数大于后者，时间将增加 1，重复步骤 3。当时间到达模拟的总时间 T（如果模拟 24 小时用电，则 T＝1440 分

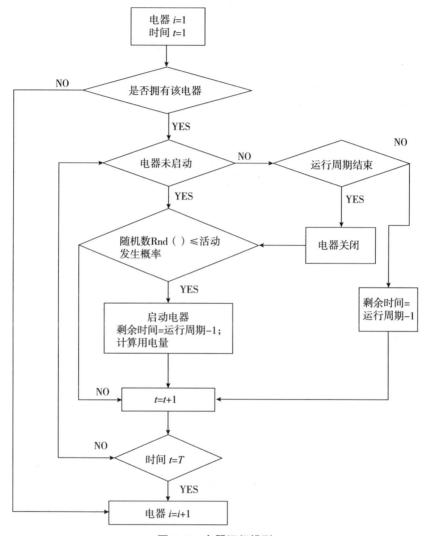

图 6-3　电器运行模型

钟），重复步骤 1 至步骤 3，模拟下一个电器的用电负荷，直到所有电器的电力
需求都已被模拟。汇总所有电器的电力负荷，得到该家庭的电力负荷。

步骤 4：重复步骤 1 至步骤 3，生成所有家庭的电力负荷数据。

步骤 5：汇总所有家庭的电力负荷数据，得到小区总用电负荷数据。

各电器的运行和耗电特征见附表 1。电器运行和耗电特征（即功率）根据京
东网上销售的相关产品的参数整理，电器每个运行周期所持续的时间和电器每天

平均运行的周期数用问卷中相应活动持续的平均时间和活动发生的平均次数代替。每种电器是否启动取决于家庭成员的活动。但是，完全基于家庭成员活动概率的模拟会导致低估或高估电器每天运行的次数，因此需要根据问卷调查结果对电器运行进行校准，具体如下：

对于电器 i，CY_i 代表电器 i 每天实际启动次数，那么电器 i 一天中可能被启动的分钟数（Min_start_i）可以用式（6-1）计算，其中 CL_i 是根据问卷统计的电器 i 每个周期平均运行时间，CDL_i 是电器 i 每个运行周期结束至下次启动的时间。而每个电器每分钟被启动的平均概率（$probi\_start_i$）可以用式（6-2）计算，其中 $probi\_activity_i$ 代表与该电器相关的活动每分钟平均发生的概率，$probi_{use_i}$ 代表该活动使用电器 i 的概率，这两个变量根据问卷调查结果统计。那么，Min_start_i 与 $probi\_start_i$ 的乘积代表电器 i 每天预期被启动的次数。因此，电器 i 的校准因子（CF_i）等于实际启动次数与预期启动次数的比，如式（6-3）所示。该校准因子用来调整电器每天运行的平均周期数，使其与家庭的电器使用模式匹配。

$$Min\_start_i = 1440 - CY_i \times (CL_i + CDL_i) \tag{6-1}$$

$$probi_{start_i} = probi_{activity_i} \times probi_{use_i} \tag{6-2}$$

$$CF_i = \frac{CY_i}{probi\_start_i \times Min\_start_i} \tag{6-3}$$

第四节 模型检验

通过将上述模型模拟得到的家庭电力负荷与实际用电数据进行比较，可以验证模型的精确性。本章以山西省运城某小区为例，使用上述电力负荷模型模拟该小区 1380 户家庭每天 24 小时的用电负荷，并将模拟结果的平均值与该小区 2015 年 5 月的实测用电负荷数据进行比较。由于 5 月份既不是夏季又不是冬季，因此不考虑空调和电暖的使用。

首先，比较每天各时段用电负荷，模拟出的平均用电负荷及实测用电负荷如图 6-4 所示，可以看出，根据家庭电力负荷模型模拟出的用电负荷总体上反映了用电高峰期和低谷期。每天 24：00 至次日 5：00 是用电低谷期，早上 6：00 开始家庭的用电量开始增加，早上 7：00 达到第一个高峰。随后多数家庭成员离开住所去工作，因此用电量在 8：00 至 10：00 处于平段。中午 11：00 至 12：00，40% 的家庭会做午饭，导致用电量达到第二个高峰期。随后用电量开始下降，14：00 至 17：00 用电量处于平段。家庭成员晚上下班后陆续回到家中，18：00 至 19：00，40% 的家庭会做晚饭，因此用电量开始上升。另外，家庭成员看电视、电脑等娱乐活动，洗衣服活动，个人卫生活动大多在 19：00 至 21：00 进行，导致第三个用电高峰期。

但是，比较每天各时段用电负荷数据可以发现，部分时段模拟数据与实际数据的相对差异仍高于 10%，这主要是由于目前中国尚无机构公布家用电器的运行参数以及家用电器的年运行周期数等信息，模拟使用的用电器运行参数（见附表 1）是普通电器的平均值，未考虑电器的能效等级等信息，导致模拟参数与实际情况存在偏差。如果将来关于家用电器的运行数据可公开获得，家庭电力负荷模型将会得到很大改进。

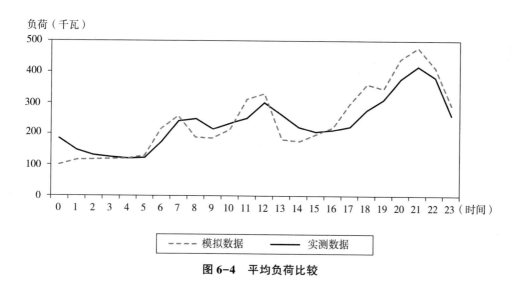

图 6-4　平均负荷比较

其次，将每种电器的 24 小时的用电负荷与家庭用电活动概率分布比较。将模拟得到的 1380 个家庭各电器 24 小时的用电负荷相加可得到小区各电器 24 小时用电负荷，如图 6-5 所示。各电器在不同时段的用电负荷变化与家庭各类活动的概率分布基本一致。例如，做饭使用的电磁炉是早、中、晚三个用电高峰的主要贡献者，这与图6-5做饭活动的概率分布一致。而娱乐活动使用的电视、电脑以及个人卫生活动使用的电热水器是19：00至22：00使用频繁的电器，是晚上用电高峰的主要贡献者，这与娱乐活动、个人卫生活动的概率分布一致。

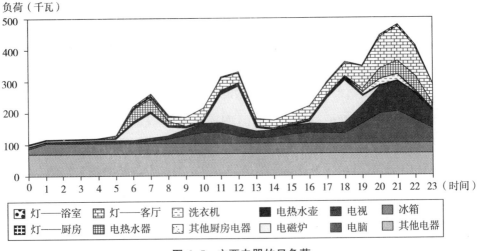

图 6-5　主要电器的日负荷

最后，比较小区每天平均用电量。根据模拟数据计算的小区每天用电总量为5813千瓦时，实测数据小区每天用电总量为5652千瓦时，两者差异小于3%，表明家庭用电负荷模型可以准确模拟实际用电负荷。

本章小结

本章首次将时间利用引入家庭电力消费研究，通过家庭调查问卷收集关于家庭日常活动的时间，日常活动所使用的电器以及电器拥有情况的数据，构建基于家庭 Agent 的电力负荷模型，并利用家庭问卷调查数据模拟北方一个居民小区1380个家庭各主要电器的24小时电力负荷，然后将模拟数据与实测用电数据进行对比，检验模型的精确性。结果表明，基于家庭 Agent 的电力负荷模型可以较准确地模拟家庭各电器 24 小时的电力负荷特征，该模型可以用来模拟中国其他地区的家庭电力负荷。该模型模拟得到的家庭各主要电器的用电负荷数据以及家庭需求响应意向的问卷调查数据，是第七章和第八章研究基于 Multi-Agent 分时电价定价模型和实时电价影响研究的基础数据。

第七章　基于 Multi-Agent 的
分时电价定价模型

居民峰谷分时电价在国内试行的时间较短，已有研究主要集中在大工业或商业用户分时电价方案制定（丁宁等，2001；丁伟等，2005；李晖等，2004；李扬等，2001；刘继东，2013；谈金晶等，2012；唐捷等，2007；徐永丰等，2015；易文和刘志祥，2003；赵娟等，2005），或者利用居民峰谷分时电价试点的用电数据评价居民峰谷分时电价实施效果（秦瑞杰和解燕，2006；邵伟明，2003；施建锁，2006；熊虎岗等，2006），基于家庭电力需求响应研究居民用户分时电价方案制定的较少（He 等，2012）。本章利用第六章家庭电力负荷模型模拟的基础用电数据，引入供电智能体的定价决策和家庭智能体对分时电价的电力需求响应，研究基于 Multi-Agent 的分时电价定价模型，分析不同的分时电价政策对家庭用电量、用电成本的影响，并根据分时电价的错峰平谷效果及用户满意度确定合理的分时电价政策。

在本章的模型中，供电商和用户作为两个决策主体，根据从对方获得的信息调整自己的决策，如图 7-1 所示。供电智能体（Agent 1）接收来自用户智能体（Agent 2）的电力需求信息，根据需求信息确定电力生产、制定电力价格，并将价格信息传递给用户智能体（Agent 2）。用户智能体（Agent 2）根据从供电智能体（Agent 1）接收的价格信息作出反应、响应需求，并将最新需求信息传递给供电智能体（Agent 1）。供电智能体根据新的需求信息调整价格，并将新的价格传递给用户智能体。如此循环，直至实现双方的最优化目标。

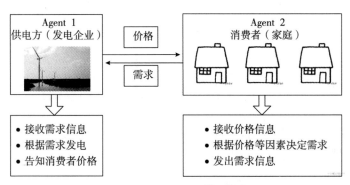

图 7-1　Multi-Agent 模型框架

第一节　供电 Agent 的定价决策行为

分时电价定价的具体方法是将一天 24 小时分为峰（f）、平（p）、谷（g）三个时段，或者分为峰（f）、谷（g）两个时段，峰、平、谷三个时段的价格分别设为 P_f、P_p、P_g。分时电价定价的目标是通过确定合理的峰、平、谷电价比，引导居民用户调整其用电时段，进而降低电网日负荷曲线的最高负荷，并减小电网日负荷曲线的峰谷负荷差，优化负荷曲线，降低供电成本，提高供电方的收益，同时增加用户的满意度。

一、分时电价定价决策目标

峰谷分时电价定价的决策目标包括两个方面：一是基于供电方的最优化目标，二是基于用户的最优化目标。

1. 基于供电方的目标函数

对于供电方来说，峰谷分时定价的主要目标是错峰平谷，降低高峰时段的用电需求，增加低谷时段的用电量，从而提高发电设备的利用率，降低电力生产成本，因此供电方有两个目标函数（唐捷等, 2007）：

（1）最小化最高负荷。用电负荷（L）随时间变化，并且随着峰谷分时电价的调整而相应改变，因此实施分时电价后各时段的用电负荷是峰谷电价的函数，如式（7-1）所示；实施分时电价前的用电负荷为L_t，如式（7-2）所示。

$$L'_t = f'_t(P_f, \ P_p, \ P_g) \tag{7-1}$$

$$L_t = f_t(P_0) \tag{7-2}$$

实施峰谷分时电价后最高负荷L'_{max}是各时点负荷的最大值，最小化最高负荷的目标函数如式（7-3）所示：

$$Min(L'_{max}) = Min(max \ (f'_t(P_f, \ P_p, \ P_g))) \tag{7-3}$$

（2）最小化峰谷负荷差。峰时负荷即最高负荷L'_{max}，谷时负荷即最低负荷L'_{min}，最小化峰谷负荷差的目标函数如式（7-4）所示：

$$Min(L'_{max} - L'_{min}) = Min(max \ (f'_t(P_f, \ P_p, \ P_g)) - min(f'_t(P_f, \ P_p, \ P_g)))$$
$$\tag{7-4}$$

2. 基于用户的目标函数

分时电价定价决策还应考虑用户的满意度，因为用户的满意度直接决定用户对价格的需求响应，进而影响分时电价的实施效果。用户的最优化目标是使用户的满意度最大化（李晖等，2004）。用户的满意度通常包括用电方式的满意度和用电成本的满意度两个方面（丁伟等，2005；罗运虎等，2008）。

（1）用电方式满意度。用户改变用电时段往往涉及改变其用电习惯，会给生活带来不便，导致用户满意度下降。因此，可以根据各时段用电量变化来定义用电方式满意度（μ_1）（丁伟等，2005），如式（7-5）所示。

$$\mu_1 = 1 - \frac{\sum_{t=1}^{24} |L'_t - L_t|}{\sum_{t=1}^{24} L_t} \tag{7-5}$$

将式（7-1）、式（7-2）代入式（7-5）即可得到式（7-6）：

$$\mu_1 = 1 - \frac{\sum_{t=1}^{24} |f'_t(P_f, \ P_p, \ P_g) - f_t(P_0)|}{\sum_{t=1}^{24} f_t(P_0)} \tag{7-6}$$

用户在不改变其用电方式的情况下（即各时段用电量保持不变），$\mu_1 = 1$，用户的满意度最大；如果各时段用电量变化越大，μ_1越小，用户的满意度就越低。

（2）用电成本满意度。当分时电价可以帮用户节约用电成本时，用户会更愿意采用，因此在制定峰谷分时电价时应以节约用户的用电成本为其中一个目标，提高用户的用电成本满意度。令实施分时电价前用户的用电成本为C_0，实施分时电价后用户的用电成本为C'，则用电成本满意度（μ_2）可以用式（7-7）表示。

$$\mu_2 = 1 - \frac{C' - C_0}{C_0} \tag{7-7}$$

当用电成本无变化时，$\mu_2 = 1$；当用电成本增加时，$\mu_2 < 1$；当用电成本降低时，$\mu_2 > 1$。因此，用电成本降低越多，用户的用电成本满意度越高。

（3）用户整体满意度。用户的整体满意度是用电方式满意度和用电成本满意度的加权平均，令两种满意度的权重分别为γ_1和γ_2，$\gamma_1 + \gamma_2 = 1$，则用户整体满意度可以用式（7-8）表示。

$$\mu = \gamma_1 \mu_1 + \gamma_2 \mu_2 \tag{7-8}$$

两种满意度权重的取值取决于用户的特征。例如，对于居民用户，收入水平等因素会影响其对两种满意度的重视程度。低收入家庭更注重用电成本的变化，而高收入家庭则更注重用电方式满意度。不同家庭对两种满意度的重视程度可以通过问卷调查等方式确定。

对于涉及主观因素较多的重视程度判断可以采用模糊判断的方法确定权重（丁伟等，2005），如表 7-1 所示。如果用电方式满意度μ_1和用电成本满意度μ_2都重要，则$\gamma_1 = \gamma_2 = 0.5$；如果用电方式满意度$\mu_1$比用电成本满意度$\mu_2$稍重要，则$\gamma_1 = 0.6$，$\gamma_2 = 0.4$；如果用电方式满意度$\mu_1$比用电成本满意度$\mu_2$明显重要，则$\gamma_1 = 0.7$，$\gamma_2 = 0.3$；如果用电方式满意度$\mu_1$比用电成本满意度$\mu_2$很重要，则$\gamma_1 = 0.8$，$\gamma_2 = 0.2$；如果用电方式满意度$\mu_1$比用电成本满意度$\mu_2$极端重要，则$\gamma_1 = 0.9$，$\gamma_2 = 0.1$。

表 7-1　基于模糊判断的赋值

模糊判断	赋值 $[\gamma_1, \gamma_2]$
μ_1 与 μ_2 同等重要	$[0.5, 0.5]$
μ_1 比 μ_2 稍重要	$[0.6, 0.4]$
μ_1 比 μ_2 明显重要	$[0.7, 0.3]$

模糊判断	赋值 $[\gamma_1,\ \gamma_2]$
μ_1 比 μ_2 很重要	$[0.8,\ 0.2]$
μ_1 比 μ_2 极端重要	$[0.9,\ 0.1]$

二、分时电价定价约束条件

峰谷分时电价定价应考虑供电方和用户的收益和成本约束，应使供电方和用电方都能从中受益。假设实施分时电价前平均电价为 P_0，用户每天的用电量为 Q_0，则电费收入 W_0 的计算公式如式（7-9）所示，供电方的电费收入（W）为用户的电费支出（C）。

$$W_0 = C_0 = P_0 \times Q_0 \tag{7-9}$$

分时电价峰、平、谷三个时段的价格分别用 P_f、P_p、P_g 表示，各时段的用电量分别用 Q_f、Q_p、Q_g 表示，则实施分时电价后电费收入 W_{TOU} 的计算公式如式（7-10）所示：

$$W_{TOU} = C' = P_f \times Q_f + P_p \times Q_p + P_g \times Q_g \tag{7-10}$$

假设供电方由于实施分时电价错峰平谷而节省的电力投资成本为 S，则供电方实施分时电价后的电费收入应不小于实施分时电价前的收入减去节省的投资成本，即如式（7-11）所示：

$$W_{TOU} \geqslant W_0 - S \tag{7-11}$$

对于用户来说，实施分时电价后用户的电费支出应不超过实施分时电价前的电费支出，否则用户不会选择分时电价。用户的电费支出约束如式（7-12）所示：

$$W_{TOU} \leqslant W_0 \tag{7-12}$$

另外，分时价格制定应该基于供电方的成本，谷时价格应不低于谷时的边际成本（MC_g），平时段的价格应该不低于谷时价格，峰时价格不超过价格上限（P_{max}）。因此，供电方的成本约束如式（7-13）所示：

$$MC_g \leqslant P_g \leqslant P_p \leqslant P_f < P_{max} \tag{7-13}$$

三、分时电价定价决策

基于以上目标函数和约束条件，峰谷分时电价的决策模型可以表示为式（7-14）：

目标函数：

$$\begin{cases} Min(L'_{max}) \\ Min(L'_{max} - L'_{min}) \\ Max(\mu) \end{cases}$$

约束条件：　　　　　　　　　　　　　　　　　　　　　　　　　　　（7-14）

$$\begin{cases} W_0 \geqslant W_{TOU} \geqslant W_0 - S \\ MC_g \leqslant P_g \leqslant P_p \leqslant P_f < P_{max} \end{cases}$$

由于公式（7-14）中用户满意度的目标函数与供电方目标函数存在冲突，因此很难找到同时满足三个目标函数的最优解，本章参考已有文献的方法（丁伟等，2005），通过设定权值法，将式（7-14）中的多目标函数转为单目标函数，如式（7-15）所示：

目标函数：

$$Target = Min\left(\alpha\left(\frac{L'_{max}}{L_{max}} + \frac{L'_{max} - L'_{min}}{L_{max} - L_{min}}\right) - \beta\mu\right)$$

约束条件：　　　　　　　　　　　　　　　　　　　　　　　　　　　（7-15）

$$\begin{cases} W_0 \geqslant W_{TOU} \geqslant W_0 - S \\ MC_g \leqslant P_g \leqslant P_p \leqslant P_f < P_{max} \end{cases}$$

其中 α 和 β 分别为供电方和用户目标函数的权重，$\alpha + \beta = 1$。L_{max}、L_{min} 分别为实施分时电价前的最高日负荷和最低日负荷，通过变换目标函数的计算，使供电方目标函数的值也在 1 左右，与用户满意度目标函数的值为同一水平。对于居民用户来说，供电方的错峰平谷目标与用户的满意度目标都重要，因此 $\alpha = \beta = 0.5$。谷时的边际成本取值为 0.12 元/千瓦时（丁宁等，2001）。P_{max} 取平时段价格的两倍，平时段的价格通常维持实施峰谷分时电价前的平均价格，即 $P_{max} = 2P_p = 2P_0$。

对于用户满意度 $\mu = \gamma_1 \mu_1 + \gamma_2 \mu_2$ 的参数设定，采用用电方式满意度和用电成本满意度都重要，$\gamma_1 = \gamma_2 = 0.5$。

第二节　家庭 Agent 的需求响应行为

分时电价的实施效果取决于用户电力需求对价格的响应，如果用户不根据价格变化调整自己的用电时段，即不做出响应，分时电价就无法达到错峰平谷的效果。常见的用户价格需求响应模型有三种：基于电力需求价格弹性、基于调查问卷统计和基于用户心理学原理（罗运虎等，2008）。基于用户心理学原理是指用户对于价格变化信号有不敏感区、正常反应区和反应极限区。当价格变化小于特定值时，用户不做出反应；当价格变化超过特定值时，用户根据价格变化的程度，做出不同程度的反应；当价格变化超过饱和值时，用户的反应程度不再增加。这一原理可以在其他两个模型中反映。因此，本章中家庭智能体对价格的需求响应主要基于电力需求价格弹性和家庭调查问卷的需求响应意向。

一、电力需求价格弹性

根据经济学原理，价格作为经济杠杆可以影响供给和需求，进而促进供需平衡，这对于电力商品也同样适用。当电力价格上升时，电力用户会减少用电需求；当价格下降时，电力用户会增加用电需求。电力需求价格弹性反映的是当价格变化1%时，电力需求变化的百分比。电力需求的价格弹性可以用式（7-16）表示。

$$\varepsilon = \frac{\Delta Q/Q}{\Delta P/P} \times 100\% \tag{7-16}$$

根据式（7-16），可以计算新价格下家庭的新电力需求，如式（7-17）所示。

$$Q' = Q + \Delta Q = Q + \varepsilon \times \frac{\Delta P}{P} \times Q \tag{7-17}$$

对于价格随时间变化时，电力需求的价格弹性又可以分为自价格弹性和交叉价格弹性。一般情况下自价格弹性为负值，而交叉价格弹性为正值。例如，分时电价峰、平、谷三个时段的价格分别为 P_f、P_p、P_g，各时段的用电量分别为 Q_f、Q_p、Q_g。峰时电力需求的自价格弹性系数如式（7-18）所示，是峰时价格变动 1% 时，峰时电力需求变化的比例。

$$\varepsilon_{ff} = \frac{\Delta Q_f / Q_f}{\Delta P_f / P_f} \times 100\% \tag{7-18}$$

峰时电力需求与平、谷时段的交叉价格弹性系数如式（7-19）和式（7-20）所示，是平、谷时价格变动 1% 时、峰时电力需求变化的比例。

$$\varepsilon_{fp} = \frac{\Delta Q_f / Q_f}{\Delta P_p / P_p} \times 100\% \tag{7-19}$$

$$\varepsilon_{fg} = \frac{\Delta Q_f / Q_f}{\Delta P_g / P_g} \times 100\% \tag{7-20}$$

同样可以计算平、谷时段的自价格弹性系数 ε_{pp}、ε_{gg} 以及平、谷时段交叉弹性系数，进而得到价格弹性系数矩阵 E，如式（7-21）所示。

$$E = \begin{bmatrix} \varepsilon_{ff} & \varepsilon_{fp} & \varepsilon_{fg} \\ \varepsilon_{pf} & \varepsilon_{pp} & \varepsilon_{pg} \\ \varepsilon_{gf} & \varepsilon_{gp} & \varepsilon_{gg} \end{bmatrix} \tag{7-21}$$

利用价格弹性系数矩阵 E 可以计算用户在新的价格水平 P' 下的新电力需求 Q'，如式（7-22）所示。

$$\begin{aligned} Q' &= \begin{bmatrix} Q_f \\ Q_p \\ Q_g \end{bmatrix} + \begin{bmatrix} \Delta Q_f \\ \Delta Q_p \\ \Delta Q_g \end{bmatrix} \\ &= \begin{bmatrix} Q_f \\ Q_p \\ Q_g \end{bmatrix} + \frac{1}{3} \begin{bmatrix} Q_f & & \\ & Q_p & \\ & & Q_g \end{bmatrix} E \begin{bmatrix} \Delta P_f / P_f \\ \Delta P_p / P_p \\ \Delta P_g / P_g \end{bmatrix} \end{aligned} \tag{7-22}$$

在数据可得的情况下，可以利用已实施分时电价的居民用户历史用电数据估计价格弹性矩阵，进而根据式（7-22）利用价格弹性系数矩阵计算用户对价的响应。由于中国试行分时电价的时间较短，采用分时电价的用户有限，目前尚无关于中国居民分时电价自弹性及交叉弹性的相关研究。因此，本章中家庭智能体的价格响应函数基于平均价格弹性，如式（7-17）所示。本章采用最新研究结果，设定弹性系数 ε 为-0.39（Sun 和 Ouyang，2016），用电量在不同时段的转移通过具体用电活动需求响应来反映。例如，洗衣活动的用电可以转移至低谷时段；而个人卫生活动、做饭活动、娱乐活动只能固定在相应时段，无法转移。

二、家庭需求响应意向

在第六章介绍的家庭调查问卷中，我们对家庭的需求响应意向进行了调查，分别考虑家庭对电费支出变化的承受能力，对价格变化的平均承受能力，不同用电活动对价格变化的响应。

1. 家庭对电费支出承受能力

在家庭调查问卷中，询问被调查者"当每月电费增加多少时，您会开始调整用电量？"。第六章表6-8汇总了调查结果。结果显示：当每月电费增加不足 5 元时，只有 7% 的家庭将调整自己的用电方式，家庭的响应概率为 7%；当每月的电费增加 5~10 元时，将有 14% 的家庭调整用电时段；当每月的电费增加 10~20 元时，将有 27% 的家庭调整用电行为；当每月的电费增加 20~30 元时，将有 40% 的家庭调整用电；当每月的电费增加超过 30 元时，59% 的家庭将调整自己的用电，家庭的响应概率为 59%。

2. 家庭对价格承受能力的差异

在家庭调查问卷中，询问被调查者"当个人卫生活动/做饭/洗衣/娱乐学习时段的每千瓦时电费提高多少时，您是否会调整个人卫生/做饭/洗衣/娱乐学习活动的时间？"。第六章表6-7汇总了调查结果，结果显示：当每千瓦时电价格上涨幅度小于10%（即价格上升0.02~0.05 元，初始平均电价为0.5402 元/千瓦时），只有小部分家庭将调整自己的用电（平均为8%）；当每千瓦时电价格上涨10%~20%（即0.05~0.1 元）时，将有12%的家庭调整自己的用电；当每千瓦时电价格上涨20%~40%（0.1~0.2 元）时，调整自己用电的家庭比例增加到

24%；当每千瓦时电价格上涨40%~90%（0.2~0.5元）时，调整自己用电的家庭比例为34%；响应概率最高的是当每千瓦时电价格增加超过90%（0.5元），达49%左右。

3. 家庭不同用电活动对价格的响应

第六章表6-7汇总了家庭不同活动的用电需求响应，显示不同活动的用电需求对价格变化的响应存在较大差异。当洗衣活动时段的每千瓦时电价上升超过0.5元时，57%的家庭将会改变他们的洗衣活动；然而，当做饭活动时段的每千瓦时电价上升相同幅度（0.5元以上）时，不到40%的家庭将会改变他们的做饭活动；当个人卫生活动时段每千瓦时电价上升超过0.5元时，51%的家庭将会改变他们的个人卫生活动；当娱乐活动时段每千瓦时电价上升超过0.5元时，48%的家庭将会改变他们的娱乐活动。因此，不考虑用电活动类型的需求响应会导致模型估计结果与实际存在偏差。

第三节 分时电价定价模型的应用

一、分时定价模型运行流程

基于Multi-Agent的分时电价定价模型中，供电Agent和家庭Agent相互传递价格和需求信息，并根据获得的信息调整自己的决策，直至供电Agent实现自己的定价目标，确定合理的分时电价政策，并对分时电价的错峰平谷效果及家庭的用电满意度进行分析，如图7-2所示。具体包括以下步骤：

步骤1：供电Agent根据实施分时电价前的家庭电力负荷曲线（这里使用第六章模拟的家庭电力负荷数据），确定峰谷分时电价，并将价格信号传递给家庭Agent。

关于峰谷分时电价时段的划分，本章采用各省普遍使用的时段划分方法，暂时不考虑时段划分对分时电价实施效果的影响。第三章对中国居民峰谷分时电价

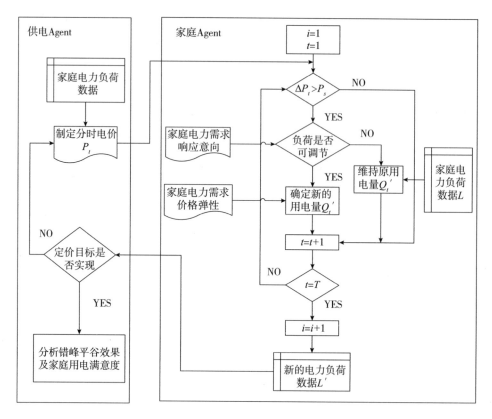

图 7-2 基于 Multi-Agent 分时电价定价模型

政策进行了汇总整理，结果显示，目前已试行居民峰谷分时电价的省份大部分将一天划分为两个时段，高峰时段为 8：00—22：00，低谷时段为 22：00—次日 8：00。

关于峰谷分时电价的价格，供电智能体逐步调整峰时价格相对第一档基础电价 P_0 提高的比例 r_1，和低谷时段价格相对第一档基础电价 P_0 降低的比例 r_2，并且使峰时价格 P_f 不超过价格最高限 P_{max}、谷时价格 P_g 不低于谷时边际成本 MC_g，具体如式（7-23）所示：

$$\begin{cases} P_f = P_0(1 + r_1)\, r_1 \in [0,\ 1) \\ P_g = P_0(1 - r_2)\, r_2 \in [0.2,\ 1) \\ P_g > MC_g,\ P_f < P_{max} \end{cases} \tag{7-23}$$

对于 r_1 和 r_2 的取值范围，本研究参考第三章汇总的各省峰谷分时电价设定。第三章表明，大部分地区高峰时段的电价是在阶梯电价第一档电价的基础上每千瓦时提高 0.03 元，提高的比例为 5%~6%；个别地区峰时电价维持第一档基础电价水平。低谷时段的电价是在第一档电价的基础上每千瓦时降低 0.12~0.31 元，降低的比例为 20%~50%。因此，r_1 的取值以 0 为最小值；价格最高限 P_{max} 为基础价格的两倍，$r_1 < 1$；r_2 的取值以 0.2 为最小值，另外谷时电价不会降为 0，所以 $r_2 < 1$。谷时的边际成本 MC_g 取值为 0.12 元/千瓦时（丁宁等，2001）。这里以山西为例，阶梯电价第一档价格为 0.477 元/千瓦时（见表 5-1），$P_0 = 0.477$。

步骤 2：家庭 Agent 根据电费支出变化及需求响应意向决定是否调整自己的用电活动。这一步首先计算每个家庭 i 在新的价格下，如果维持原用电方式，电费支出是否增加；如果电费支出减少或无变化，家庭维持原用电方式，各时段用电量不变，转至下一个家庭，$i = i+1$。如果电费支出增加，产生一个在（0，1）之间均匀分布的随机数，将随机数与电费支出变化所对应的家庭需求响应概率比较（见第六章表 6-8），如果前者小于或等于后者，则该家庭调整用电活动，进入步骤 3。否则，家庭维持原用电方式，各时段用电量不变，转至下一个家庭，$i = i+1$。

步骤 3：家庭 Agent 根据价格变化及需求响应意向决定如何调整自己的用电活动。家庭是否调整用电活动取决于价格变化的程度及各种用电活动对应的需求响应概率（第六章表 6-7）。对应每个时段，计算电价变化 ΔP_t，确定电价变化是否高于最低限 P_s。如果小于最低限，则进入下一时段，$t = t+1$。如果电价变化高于最低限，对应四类用电活动分别产生一个在（0，1）均匀分布的随机数，将随机数与电价变化所对应的需求响应概率进行比较（见表 6-7 第 2 列至第 5 列），如果前者小于或等于后者，则该家庭调整相应的用电活动，产生新的用电需求。如果前者大于后者，家庭不调整用电需求，进入下一时段，$t = t+1$。当一个家庭一天的用电活动都模拟结束后，转至下一个家庭，$i = i+1$。

根据居民的日常生活习惯，关于高峰时段用电是否转移至低谷时段做如下假设：洗衣活动的用电可以转移至低谷时段；而个人卫生活动、做饭活动、娱乐活动不便于转移至夜间低谷时段，只能在原用电活动时段根据电力需求价格弹性增加或减少。

步骤 4：汇总所有家庭新用电需求，产生新的电力负荷数据 L'。

步骤 5：供电 Agent 对新的电力负荷数据 L' 进行分析，判断是否达到预期目标，如式（7-15）所示。如果未达到预期目标，供电 Agent 进一步调整分时电价，直至实现预期错峰平谷和用户满意度最大的目标值。

二、分时定价模型运行结果

根据价格约束 $P_g > MC_g$，当谷时的边际成本 MC_g 取值为 0.12 元/千瓦时，$P_0 = 0.477$，则谷时电价较第一档基础电价 P_0 降低的最大比例为 75%，所以 $r_2 < 0.8$。实施分时电价的供电方目标是错峰平谷，因此能达到错峰效果的电价为有效电价政策。图 7-3 汇总了 41 种有效的峰谷分时电价方案，从方案 1 至方案 41，峰谷分时电价的目标函数值（根据式（5-15）计算）依次增加，方案 1 实现了最小化目标函数。

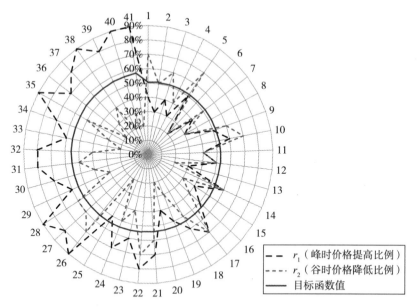

图 7-3　峰谷价格调整比例与目标值

图 7-3 中各曲线离圆心越近，变量的取值越小。r_1 代表峰时价格相对于基础价格提高的比例，取值范围为 20%~90%。r_1 的最小值为 20%，是由于当峰时价

格提高比例低于 20% 时家庭的月电费支出变化较小，对电费支出变化承受能力较高的家庭会选择不调整用电方式，导致电力负荷基本无变化，无法实现错峰平谷的目标。r_2 代表谷时价格相对于基础价格降低的比例，取值范围为 20% ~ 70%。各种有效分时电价的目标函数值取值为 0.51~0.58。

当谷时价格相对于基础价格降低的比例大于或等于峰时价格相对于基础价格提高的比例时（见图 7-3 右上角部分），即 $r_2 \geq r_1$ 时，目标函数值较小，离最优目标较近，这是由于较低的谷时价格有助于家庭将峰时负荷转移至谷时，并且有助于家庭节约用电成本，家庭的用户满意度增加。而当谷时价格相对于基础价格降低的比例远小于峰时价格相对于基础价格提高的比例时（见图 7-3 左上角部分），即 $r_2 < r_1$ 时，目标函数值较大，离最优目标较远。

根据供电智能体的定价目标，方案 1 最优。方案 1：r_1 的取值为 40%，r_2 的取值为 70%，峰谷电价比为 4.7∶1。方案 2：r_1 的取值为 30%，r_2 的取值为 50%，峰谷电价比为 2.6∶1。并且方案 2 与方案 1 的目标函数值非常接近，为了避免电价的大幅波动，价格提高或降低的比例越小越好，所以方案 2 优于方案 1。

第四节　分时电价的实施效果分析

为了比较各峰谷分时定价方案的错峰效果及用户满意度，表 7-2 汇总了接近最优目标（定价目标函数值较小）的前十种定价方案，比较各种方案下最高负荷下降比例、峰谷负荷差减小比例、家庭用电方式满意度、用电成本满意度以及综合满意度。

表 7-2　分时定价方案比较

参数	方案 1	方案 2	方案 3	方案 4	方案 5
峰时价格相对基础价格提高比例（%）	40	30	40	30	50
谷时价格相对基础价格降低比例（%）	70	50	60	40	70

续表

参数	方案1	方案2	方案3	方案4	方案5
峰谷电价比	4.7:1	2.6:1	3.5:1	2.2:1	5.0:1
最高负荷下降比例（%）	0.5	0.2	0.4	0.4	1.2
峰谷差减小比例（%）	0.6	0.3	0.5	0.5	1.6
用电总量减少比例（%）	0.1	0.0	0.1	0.1	0.4
用电方式满意度（家庭平均）	0.998	0.999	0.998	0.998	0.993
用电成本满意度（家庭平均）	0.963	0.963	0.930	0.931	0.901
综合满意度（家庭平均）	0.980	0.981	0.964	0.964	0.947
目标函数值	0.505	0.507	0.514	0.514	0.512
参数	方案6	方案7	方案8	方案9	方案10
峰时价格相对基础价格提高比例（%）	20	40	30	50	60
谷时价格相对基础价格降低比例（%）	20	50	30	60	70
峰谷电价比	1.5:1	2.8:1	1.9:1	3.8:1	5.3:1
最高负荷下降比例（%）	0.3	0.7	0.6	1.3	1.4
峰谷差减小比例（%）	0.3	0.9	0.8	1.7	1.8
用电总量减少比例（%）	0.0	0.2	0.2	0.4	0.5
用电方式满意度（家庭平均）	0.999	0.995	0.997	0.993	0.991
用电成本满意度（家庭平均）	0.932	0.899	0.899	0.868	0.837
综合满意度（家庭平均）	0.965	0.947	0.948	0.930	0.914
目标函数值	0.515	0.518	0.519	0.520	0.527

由表7-2可以看出，第一，最高负荷及峰谷负荷差减小的比例与峰时电价有关，较高的峰时电价有利于错峰平谷。当峰时电价相对基础价格提高20%~40%时，最高负荷下降0.2%~0.7%；当峰时电价相对基础价格提高50%~60%时，最高负荷下降1.2%~1.4%。这主要是由于如果峰时电价与基础电价相比变化不大，家庭的用电成本不会出现大幅增加，家庭没有动力改变自己的用电方式。如果峰时电价较高，峰时用电较多而谷时用电较少的家庭就需要支付较高的电费，当电费支出增加超过家庭的承受力时，家庭就会选择减少峰时用电，将部分用电转移至低谷时段。

第二，家庭的用电方式满意度平均值小于 1，说明家庭在实施峰谷分时电价后调整了自己的用电方式。并且用电方式满意度与峰时电价有关，较高的峰时电价有利于错峰平谷，用户的用电方式满意度相应降低。

　　第三，家庭的用电成本满意度平均值小于 1，说明大部分家庭的用电成本较实施峰谷分时电价前增加。这主要时因为实施峰谷电价前，家庭峰谷电量比的平均值为 2∶1，家庭的大部分用电活动发生在峰时（8∶00—22∶00），如果家庭的用电负荷难以转移至夜间低谷时段，家庭的电费支出就会增加。对于给定的峰谷分时电价，只有当家庭的峰时用电比例低于一定比例时才能节约用电成本。例如方案 1 至方案 10，家庭的峰时用电量占全天用电量的比例分别不高于 64%、63%、60%、57%、58%、50%、56%、50%、55% 和 54% 才能节约用电成本。实施峰谷分时电价方案 1 后，1380 个样本家庭中，可以节约用电成本的家庭仅占31%。峰谷分时电价方案 2 至方案 10，用电成本节约的家庭比例更小，为 3%~27%。其中，方案 6 最低，仅有 3% 的家庭在实施峰谷分时电价后可以节约用电成本。这也是峰谷分时电价试行后，自愿采用分时电价的家庭用户较少的原因之一。

　　第四，峰谷分时电价可以减少家庭的用电总量，但是比例较小。实施峰谷分时电价方案 1 后，家庭用电总量减少 0.1%；方案 2 和方案 6 对家庭用电总量的影响小于 0.1%；方案 10 对家庭用电总量的影响最大，实施该方案后，家庭用电总量减少 0.5%。

本章小结

　　本章利用第六章家庭电力负荷模型模拟的基础用电数据，引入供电智能体的定价决策和家庭智能体对分时电价的电力需求响应，构建基于 Multi-Agent 的分时电价定价模型，分析不同的峰谷分时电价政策对家庭用电量、用电成本的影响，并根据分时电价的错峰平谷效果及用户满意度确定合理的分时电价政策。结果表明，当家庭的用电负荷属于基本负荷，并且难以转移至低谷时段时，峰谷分时电价的错峰效果有限，最高负荷降低的比例为 0.2%～1.4%。另外，当家庭的峰时用电比例较高时，峰谷分时电价往往会增加家庭的用电成本。对于不同的定价方案，选择节约用电成本的家庭比例为 3%～31%。为了取得更好的实施效果，峰谷分时电价需要根据家庭的用电特征，细化峰谷分时电价的时段划分，使用户有动力将峰时用电转移至其他时段。

第八章　基于 Multi-Agent 的
实时电价影响研究[①]

与分时电价相比，基于成本和供求关系的实时电价是更有效率的定价方式，但是由于缺少实证数据，目前关于实时电价对中国家庭电力消费调节作用的研究较少。本章利用基于家庭 Agent 模型模拟得到的家庭 24 小时电力负荷数据，结合家庭电力需求响应问卷调查结果，构建基于 Multi-Agent 的实时电价定价模型，探索在四种不同的家庭需求响应情景下，实时电价机制对家庭电力消费的影响。

第一节　实时电价定价模型

实时电价是指一天 24 小时电价随时间实时变化的价格机制。基于 Multi-Agent 的实时电价定价模型中，供电 Agent 和家庭 Agent 相互传递价格和需求信息，并根据获得的信息实时调整自己的决策，如图 8-1 所示。

具体来讲，供电 Agent 根据前一天的用电负荷制定实时电价，家庭 Agent 根据价格变化调整自己的用电活动，调减峰时用电和增加谷时用电，进而产生新的用电负荷。供电 Agent 再根据新的用电负荷设定实时电价，家庭 Agent 根据价格变化进一步调整自己的用电活动，直至价格和电力负荷达到均衡状态。达到均衡

---

①　本章内容已发表，具体请参见 Hongxia Wang, Hong Fang, Xueying Yu, Sai Liang. How Real Time Pricing Modifies Chinese Households' Electricity Consumption [J]. Journal of Cleaner Production, 2018, 178 (3): 776-790.

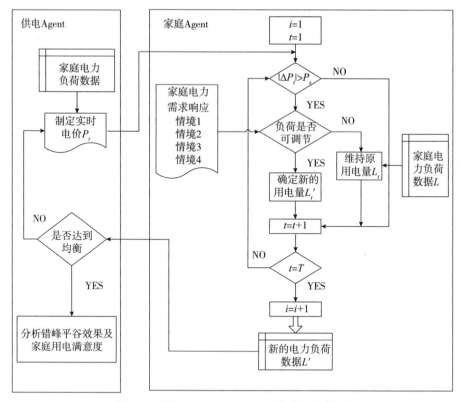

图 8-1 基于 Multi-Agent 实时电价定价模型

状态后，供电 Agent 对实时电价的错峰平谷效果及家庭的用电满意度进行分析。具体运行流程如下：

步骤 1：供电 Agent 根据实时电价函数，确定实时电价，并将价格传递给家庭 Agent。已有研究表明，目前中国电力市场还不完善，基于成本和负荷的实时电价定价模型是最可行的模型（He 和 Zhang，2015）。具体计算如式（8-1）所示：

$$P_t = P_0 \times \frac{L_t}{\bar{L}} \tag{8-1}$$

式（8-1）中，t 表示时间；P_0 表示居民平均电价，取值为 0.5402 元/千瓦时（He 和 Zhang，2015）；L_t 表示前一天 t 时段的电力负荷；$\bar{L}$ 表示前一天的平均电力负荷。

步骤 2：家庭 Agent 计算电价变化，确定是否高于最低限 P_s。计算每个时段实时电价 P_t 与居民平均电价 P_0 的差异，如果价格变化超过最低限 P_s，转到步骤 3，否则该时段电力负荷不变，维持初始负荷。

步骤 3：家庭 Agent 根据不同的需求响应情景（具体的需求响应情景将在 6.2 节详细介绍）调整各时段用电需求，产生新的电力负荷，并将电力负荷数据传递给供电 Agent。

步骤 4：重复步骤 1 至步骤 3。供电 Agent 根据步骤 3 产生的新的电力负荷，确定次日电价，并传递家庭 Agent，家庭 Agent 根据新电价进一步调整各时段用电需求。直至电价达到均衡状态，家庭不再调整用电需求。

步骤 5：计算各种需求响应情景均衡状态下电力负荷、用电总量以及家庭电费支出。比较均衡状态下的家庭电力负荷与初始负荷（实施实时电价前的负荷）的差异，均衡状态下的家庭电费支出与初始电费的差异。

第二节　实时电价需求响应模型

家庭对动态电价的需求响应会存在很多不确定性，本节根据需求的刚性设计四种需求响应情景，情景 1 至情景 4 家庭电力需求的刚性依次增加。在情景 1 中，当价格变化高于最低限时，所有家庭都根据电价变化成比例调整用电，不考虑不同家庭对价格变化的承受能力和家庭不同类型用电需求的可调整性。在情景 2 中，考虑家庭对价格变化承受能力的差异，当价格变化范围在家庭可承受范围内时，部分家庭会选择不调整用电，因此家庭对价格变化的响应概率不同。在情景 3 中，考虑家庭不同类型用电需求（如个人卫生活动用电、做饭活动用电、洗衣活动用电，以及娱乐活动用电）对价格变化响应的差异。在情景 4 中，考虑家庭对总电费支出变化的不同响应。当总电费支出变化在家庭可承受范围内时，部分家庭不改变任何用电活动。四种情景考虑的因素逐渐增多，家庭电力需求的刚性依次增加，如表 8-1 所示。

表 8-1 需求响应情景比较

考虑的因素	情景 1	情景 2	情景 3	情景 4
需求价格弹性	√	√	√	√
价格变化响应概率		√	√	√
负荷类型			√	√
总电费支出变化				√

一、需求响应情景 1

情景 1：同质需求响应。

情景 1 中家庭对价格的响应视为同质，所有家庭都根据需求响应函数式（6-2）~式（6-6）调整自己的用电。这里使用的需求响应函数是根据电力需求的价格弹性公式推导。根据价格弹性理论，电力需求的价格弹性 ε_p 等于电力需求变化的百分比（$\Delta L/L$）除以电价变化的百分比（$\Delta P/P$），如式（8-2）所示：

$$\varepsilon_p = \frac{\Delta L/L}{\Delta P/P} \times 100\% \tag{8-2}$$

在电力需求的价格弹性 ε_p 已知的情况下，可以用电力需求的价格弹性、价格变化比例（$\Delta P/P$）以及初始用电需求（L）估计电力需求变化量（ΔL），如式（8-3）所示：

$$\Delta L = \varepsilon_p \times \frac{\Delta P}{P} \times L \tag{8-3}$$

由于电力需求的价格弹性 ε_p 通常为负值，如果用变量 ε 代表电力需求的价格弹性的绝对值 $|\varepsilon_p|$，变量 λ 代表价格变化比例（$\Delta P/P$），电力需求变化量（ΔL）可用式（8-4）表示，当价格上升时，λ 为正值，则 ΔL 为负值，电力需求下降。当价格下降时，λ 为负值，则 ΔL 为负值，电力需求上升。

$$\Delta L = -\varepsilon \times \lambda \times L \tag{8-4}$$

根据式（8-4）可以计算 t 时刻新的电力需求 L_t'，如式（8-5）所示，当价格下降时，电力需求上升，但不会超过家庭最大电力需求（L_{max}），当价格上升时，电力需求下降，但不会低于家庭最小电力需求（L_{min}）。P_0代表居民平均电价。L_t是前一天 t 时段的电力负荷，另外，当价格在很小范围变化时，家庭往往不调整电力需求，因此，当价格变化小于最低限 ΔP_1 时，λ 为 0，如式（8-6）所示。根据问卷调查结果，ΔP_1 取值为 0.02 元。已有文献对家庭电力需求的价格弹性进行了测算，但是使用不同的数据和方法会得出不同的结论（Sun 和 Lin，2013；Sun 和 Ouyang，2016；Zhou 和 Teng，2013），本章采用最新研究结果，设定 ε 为 0.39（Sun 和 Ouyang，2016）。

$$L_t' = \begin{cases} min(L_{max}, \ L_t - \varepsilon \times \lambda_t \times L_t) & P_t - P_0 \leqslant 0 \\ max(L_{min}, \ L_t - \varepsilon \times \lambda_t \times L_t) & P_t - P_0 > 0 \end{cases} \tag{8-5}$$

$$\lambda_t = \begin{cases} 0 & |P_t - P_0| \leqslant \Delta P_1 \\ \dfrac{P_t - P_0}{P_0} & |P_t - P_0| > \Delta P_1 \end{cases} \tag{8-6}$$

二、需求响应情景 2

情景 2：基于价格承受能力的需求响应。

家庭对价格变化的承受能力及需求响应的意向存在差别。根据问卷调查结果，当每千瓦时电价格上涨幅度小于 10%（即价格上升 0.02~0.05 元，初始平均电价为 0.5402 元/千瓦时），只有 8% 家庭将调整自己的用电，此时需求响应的概率为 8%。当每千瓦时电价格上涨 10%~20%（即 0.05~0.1 元）时，12% 的家庭会调整自己的用电。当每千瓦时电价格上涨 20%~40%（0.1~0.2 元）时，24% 的家庭会调整自己的用电。当每千瓦时电价格上涨 40%~90%（0.2~0.5 元）时，34% 的家庭会调整自己的用电。当每千瓦时电价格增加超过 90%（0.5 元），49% 的家庭会调整自己的用电（如第六章表 6-7 最后一列所示）。

因此，在情景 2 中，将需求响应分为六种情况：①当每千瓦时电价格变化小于最低限时（0.02 元），家庭不调整用电需求。②当价格变化在 0.02~0.05 元时，生成（0，1）之间均匀分布的一个随机数，将随机数与需求响应的概率 8% 比较。③当价格变化在 0.05~0.1 元时，将随机数与需求响应的概率 12% 比较。④当价格变化在 0.1~0.2 元时，将随机数与需求响应的概率 24% 比较。⑤当价格变化在 0.2~0.5 元时，将随机数与需求响应的概率 34% 比较。⑥当价格变化大于 0.5 元时，将随机数与需求响应的概率 49% 比较。如果前者小于等于后者，则该家庭做出响应，根据需求响应函数式（8-5）调整自己的用电。如果前者大于后者，家庭不调整用电需求。

三、需求响应情景 3

情景 3：基于负荷类型 & 价格承受能力的需求响应。

家庭不仅对价格变化的承受能力存在差别，家庭不同活动用电负荷的可调节性也不同，因此在情景 3 中，根据用电活动将电力负荷分为五类，五类负荷对应不同的需求响应概率。

第一类是不可控负荷（non-controllable loads），包括冰箱和其他电器产生的基本负荷。家庭的此类电力需求不会对价格变化做出响应。

第二类是洗衣活动使用的洗衣机产生的用电负荷。此类负荷为可错时负荷（shiftable loads），假定洗衣机用电需求可以调整至价格最低的时段。洗衣机的电力负荷是否调整也取决于价格变化及洗衣活动需求响应的概率。对于每个时段，生成（0，1）之间均匀分布的一个随机数，将随机数与需求响应的概率比较，如果前者小于或等于后者，则该家庭调整洗衣活动用电。根据调查结果，洗衣活动对价格的需求响应概率分为六种情况（如第六章表 6-7 第 4 列所示）：①当每千瓦时电价格变化小于最低限时（0.02 元），需求响应的概率为 0。②当价格变化在 0.02~0.05 元时，需求响应的概率为 10%。③当价格变化在 0.05~0.1 元时，需求响应的概率为 14%。④当价格变化在 0.1~0.2 元时，需求响应的概率为 30%。⑤当价格变化在 0.2~0.5 元时，需求响应的概率为 39%。⑥当价格变化大于 0.5 元时，需求响应的概率为 57%。

第三类是个人卫生活动使用的电热水器和浴室灯产生的用电负荷。个人卫生活动对价格的需求响应概率如表 6-7 第 2 列所示：当每千瓦时电价格变化小于最低限时（0.02 元），需求响应的概率为 0。当价格变化在 0.02~0.05 元、0.05~0.1 元、0.1~0.2 元、0.2~0.5 元、0.5 元以上时，需求响应的概率分别为

7%、11%、24%、36%和51%。同样，对于每个时段，生成（0，1）之间均匀分布的一个随机数，将随机数与需求响应的概率比较，如果前者小于等于后者，则该家庭调整个人卫生活动用电，调整的幅度由需求响应函数（式（8-5））决定。

第四类是做饭活动使用的电磁炉、电热水壶、其他小型厨房电器和厨房灯产生的用电负荷。此类负荷调整与第三类一致，对于每个时段，生成（0，1）之间均匀分布的一个随机数，将随机数与需求响应的概率比较，如果前者小于等于后者，则该家庭调整做饭活动用电，调整的幅度由需求响应函数（式（8-5））决定。做饭活动对价格的需求响应概率如表6-7第3列所示：当每千瓦时电价格变化小于最低限时（0.02元），需求响应的概率为0。当价格变化在0.02~0.05元、0.05~0.1元、0.1~0.2元、0.2~0.5元、0.5元以上时，需求响应的概率分别为8%、12%、21%、27%和39%。

第五类是娱乐活动使用的电视、电脑、客厅灯产生的用电负荷。此类负荷调整与第三类和第四类一致，只是此类活动用电需求对价格的响应概率不同。娱乐活动对价格的需求响应概率如表6-7第5列所示：当每千瓦时电价格变化小于最低限时（0.02元），需求响应的概率为0。当价格变化在0.02~0.05元、0.05~0.1元、0.1~0.2元、0.2~0.5元、0.5元以上时，需求响应的概率分别为8%、11%、22%、33%和48%。

四、需求响应情景 4

情景4：基于成本 & 负荷类型 & 价格承受能力的需求响应。

家庭每个月电费支出变化的程度通常是其决定是否调整用电活动的基础，因此，情景4在情景3的基础上增加电费支出（即成本）变化对需求响应的影响。首先，计算在新的价格下，如果家庭维持原用电需求，电费支出与初始电费支出相比的变化。其次，确定电费支出变化所属区间，进而确定用电成本变化的需求响应概率。在问卷中，询问被调查者"当每月电费增加多少时，您是否会开始调整用电量？"。对于电费变化的不同程度，分别计算预计将根据电费变化调整用电的家庭数占总样本的比例，并用来代表家庭对电费变化的需求响应概率。根据调查结果，家庭对用电成本变化的需求响应概率分为六种情况（如第六章表 6-8 所示）：①当每月电费增加小于最低限时（2 元），需求响应的概率为 0；②当每月电费增加 2~5 元时，需求响应的概率为 7%；③当每月电费增加 5~10 元时，需求响应的概率为 14%；④当每月电费增加 10~20 元时，需求响应的概率为 27%；⑤当每月电费增加 20~30 元时，需求响应的概率为 40%；⑥当每月电费增加超过 30 元时，需求响应的概率为 59%。最后，生成（0，1）之间均匀分布的一个随机数，将随机数与用电成本变化的需求响应概率比较，如果前者小于等于后者，该家庭根据情景 3 的需求响应模式调整用电需求；如果前者大于后者，则不调整用电需求。

第三节　实时电价的实施效果分析

一、实施初期错峰效果

利用 6.2 节中的需求响应模型，模拟四种不同情景下实时电价的实施效果。实施实时电价前一天的价格为平均价格（P_0），取值为 0.5402 元/千瓦时，该价格保持 24 小时不变。初始负荷根据第六章的电力负荷模型模拟得到，如表 8-2 所示。每天 0：00—5：00 是用电低谷期，早上 6：00 家庭的用电量开始增加，早上 7：00 达到第一个高峰。随后多数家庭成员离开住所去工作，因此用电量在 8：00—10：00 处于平段。中午 11：00—12：00，用电量达到第二个高峰期。随后用电量开始下降，14：00—17：00 用电量处于平段。18：00—19：00，用电量开始上升。家庭成员看电视、电脑等娱乐活动、洗衣服活动、个人卫生活动大多在 19：00—21：00 进行，导致第三个用电高峰期。

表8-2 小区初始电力负荷

时间	负荷（千瓦）	时间	负荷（千瓦）
0	102	12	330
1	116	13	181
2	116	14	176
3	116	15	200
4	120	16	220
5	129	17	297
6	219	18	360
7	259	19	347
8	189	20	445
9	186	21	478
10	215	22	412
11	312	23	289

第一天的实时电价由小区的初始负荷（见表8-2）与平均价格（P_0）计算，实时电价水平如图8-2所示。在早晨的用电高峰期（7：00），实时电价（Real-time price）与平均价格 P_0 相比有小幅上升，增加7%左右。但是第二个用电高峰期（12：00）和第三个用电高峰期（21：00）的实时电价与平均价格 P_0 相比有显著上升，分别增加36%和97%。

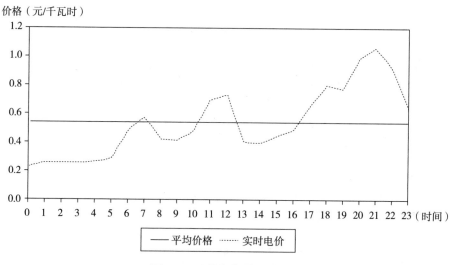

图8-2 实施初期的实时电价

面临动态电价时，家庭的不同需求响应行为会影响实时电价的错峰效果。图8-3反映了实施实时电价当天四种需求响应情景下负荷变化。总体来说，实时电价有助于降低家庭的高峰负荷，但是情景1至情景4的错峰效果依次降低。情景1的峰时负荷下降比例及谷时负荷上升的比例都最高，这主要是因为情景1假定所有家庭都会根据价格变化成比例调整用电需求，相当于假定所有家庭的价格承受能力相同，对价格变化的需求响应概率为100%。情景1中，在用电低谷时段（0：00—4：00），电力负荷增加比例约为17%~22%。在用电高峰时段（20：00—22：00），电力负荷降低的比例为26%~37%。

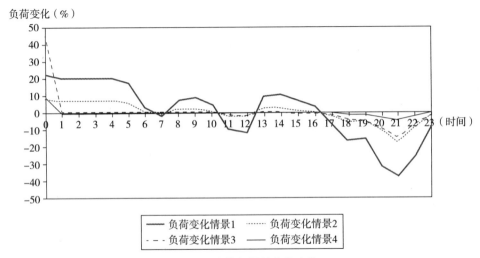

图8-3　实施初期的负荷变化

当考虑家庭对价格变化承受能力差异时，家庭对价格变化的需求响应概率就远小于100%，当价格变化幅度较小时，大部分家庭会选择不调整用电。因此，情景2反映了家庭电力需求响应的异质性，其错峰效果与情景1相比明显下降。在用电低谷时段，电力负荷增加比例最大为8%。在用电高峰时段，电力负荷降低的比例最大为18%，不足情景1的一半。

情景1和情景2都未考虑家庭电力负荷的类型。在情景1和情景2中，假定家庭在电价下降的时段增加用电需求，尤其是用电低谷时段0：00—5：00。这与家庭成员的用电习惯不太相符。但是，如果家庭拥有储能设备则可以实现。基于储能设备的需求响应可以在未来的研究中考虑。

情景 3 进一步考虑了不同负荷类型对价格的需求响应差异，有的负荷无法转移到夜间用电低谷时段。错峰平谷效果与情景 2 相比进一步减小。在用电高峰时段，电力负荷降低的比例最大为 15%。

　　情景 4 中电力需求的刚性进一步增加，当每月电费支出变化在可承受的范围内时，部分家庭则会选择不调整用电，因此错峰效果在四个情景中最低。在用电高峰时段，电力负荷降低的最大比例仅 4%。

二、均衡时的错峰效果

　　实施实时电价第一天结束后会产生新的电力负荷，可以用来计算第二天的实时电价。由于第一天的电力负荷与初始负荷相比发生了变化，峰谷负荷差减小，因此第二天的实时电价与第一天相比，价格变化的幅度也相应降低，家庭对价格变化的需求响应也会减少，这就使实时电价最终会达到均衡状态，电力负荷也会达到均衡。本节将 6.2 节的实时电价需求响应模型运行至均衡状态，并比较四种情景下均衡时的价格和电力负荷，结果如图 8-4~图 8-6 所示。

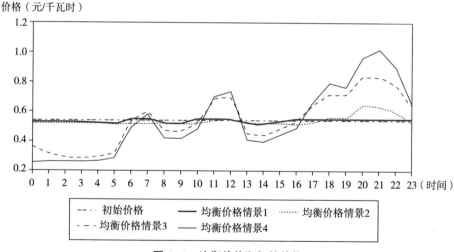

图 8-4　均衡价格和初始价格

　　图 8-4 显示，情景 1 和情景 2 的均衡价格在初始价格 P_0 附近，这与预期相符。情景 1 和情景 2 假定家庭可以增加谷时负荷，减少峰时负荷，这就使电力负荷

波动幅度逐渐减少，最终每个时段的负荷都接近平均负荷，如图 8-5 所示。所以根据负荷计算的实时价格也接近平均价格 P_0。情景 2 与情景 1 不同的是，情景 2 中家庭对价格承受能力较高，较小的价格波动不足以使其调整自己的用电行为，因此夜间的用电负荷仍高于平均负荷。

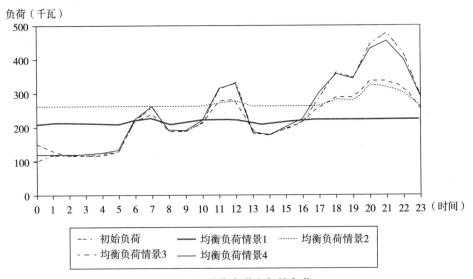

图 8-5　均衡负荷和初始负荷

　　情景 3 和情景 4 中，家庭可以将其洗衣活动调整到价格最低时段，但是其他活动难以转移至其他低价格时段，只能在初始的活动时段根据价格变化增加或减少。另外，由于受负荷类型与家庭价格承受能力的影响，峰时负荷降低的幅度非常有限，均衡时价格及电力负荷仍有较大峰谷差。

　　均衡时的错峰效果与实施初期相比有显著提高，如图 8-6 所示。情景 1 均衡时谷时的负荷增加比例最高超过 100%，峰时负荷平均下降 34%，最大下降比例为 53%；情景 2 均衡时谷时的负荷增加比例最高超过 150%，峰时负荷平均下降 18%，最大下降比例为 33%；随着需求刚性的增加，情景 3 和情景 4 的错峰效果依次降低。情景 3 和情景 4 的峰时负荷平均下降 17% 和 2%，最大下降比例分别为 29% 和 5%。

　　另外，随着峰时负荷的下降，小区的负荷率（也称负荷因子，等于平均负荷占最大负荷的比例）也提高，电力容量的使用率增加。实施实时电价前，小区的

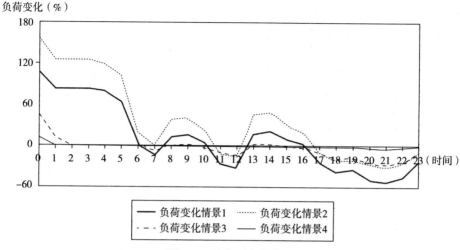

图 8-6　均衡时负荷变化

负荷率为 51%，均衡时情景 1 至情景 4 的负荷率分别为 97%、83%、62% 和 57%。情景 1 和情景 2 的用电负荷基本达到均匀分布。情景 3 和情景 4 的用电负荷率也较初始状态提高 6%~11%，这不仅有助于降低供电成本，还有助于减少发电企业的排放。已有研究表明，对于中国实际情况来讲，用电负荷率提高 1%，相应火电机组的供电煤耗下降 4.5~5.0 克/千瓦时（李蒙等，2005），相当于供电煤耗下降 1.4% 左右（火电供电煤耗按 2011 年平均水平 329 克/千瓦时计算）。

三、用电量与用电成本变化

实时电价不仅可以调整居民的用电负荷，还可以减少居民的总用电量。模拟的数据表明，当价格和电力负荷达到均衡状态时，情景 2 的用电总量较实时电价实施前增加 12%，但是情景 1、情景 3、情景 4 的用电总量较实时电价实施前分别减少 10%、10% 和 1%，情景 4 的用电总量减少比例最小。

另外，当家庭调减峰时用电，增加谷时用电时，家庭的电费支出会相应发生变化。但是总电费支出是否减少取决于家庭用电量变化情况。在情景 1 和情景 2 时，家庭可以将峰时用电转移至谷时，而谷时的电价相对较低，当用电总量变化不大的情况下，家庭的电费支出会减少。结果表明，情景 1 中 90% 的家庭电费支出减少，每天平均减少 0.25 元，约为平均每天电费支出的 12%[①]。情景 2 中部分家庭的总用电量增加，因此电费支出减少的家庭比例减少为 31%。情景 3 和情景 4 中，电费支出减少的家庭比例分别为 39% 和 3%。

本章小结

本章利用基于家庭 Agent 模型模拟得到的家庭 24 小时电力负荷数据，结合家庭电力需求响应问卷调查结果，构建基于 Multi-Agent 的实时电价定价模型，探索在四种不同的家庭需求响应模型下，实时电价机制对家庭电力消费的影响。结果表明，基于负荷的实时电价可以调整家庭电力消费模式，起到错峰平谷的效果，也有助于节约总用电量和减少家庭的电费支出。随着智能电网的普及，实时电价可以考虑在居民中进行推广。但是，研究表明，家庭对电价和电费支出变化的需求响应在很大程度上影响实时电价调整家庭用电负荷的效果，当考虑到部分家庭的需求刚性时，峰时负荷降低的比例显著减少。峰时负荷最大下降比例由 53%（情景 1）减少至 5%（情景 4）。因此，在研究家庭电力消费的价格调节机制时，不能忽略家庭的需求响应差异。

---

① 每个家庭平均每天用电量为 4 千瓦时，平均电价为 0.5402 元/千瓦时。

第九章　结论与展望

　　在未来的一段时间，中国将继续保持经济增长，这将进一步推动其电网的温室气体排放增加。为了减少电力系统的温室气体排放，中国可以关注以下五个因素（由于 GDP 增长这个因素短时间无法改变，所以此处不再重点关注）：一个消费侧因素（GDP 的电力输电效率），三个发电侧因素（火力发电的能源效率和燃料结构、电力结构），以及输电结构。GDP 增长和火力发电燃料结构的变化是 2008~2015 年各电网温室气体排放增加的两大主要驱动力，尤其是华北电网。相比之下，输电结构的变化（特别是在华东电网和南方电网）、GDP 电力效率的提高（西北电网除外）、火力发电能源效率的提高（特别是在华北电网和华中电网）和电力结构的优化（尤其是在南方电网）是抵消温室气体排放增加的主要因素。

　　另外，随着城镇化水平和家庭电气化水平的提高，家庭电力消费量及在全社会电力消费中所占的比例呈增长趋势。另外，家庭电力消费的时间特征明显，家庭大部分活动集中在白天进行，夜间电力需求少，峰时负荷与谷时负荷差大，导致家庭电力负荷率低，供电成本高。为了体现电力的资源价值，引导居民合理用电、节约用电，提高能源使用效率，促进资源节约和环境友好型社会建设，逐步减少电价交叉补贴，中国调整了长期对居民用电采取的低价优惠政策，实施了居民阶梯电价和居民分时电价。

　　居民峰谷分时电价在国内试行的时间较短，目前基于家庭电力需求响应研究居民用户分时电价方案制定的研究较少。本书通过家庭调查问卷收集关于家庭日常活动的时间，日常活动所使用的电器以及电器拥有情况的数据，并利用家庭问卷调查数据，构建基于家庭 Agent 的电力负荷模型，模拟家庭 24 小时的电力负荷。在此基础上，引入供电智能体的定价决策和家庭智能体对分时电价的电力需求响应，研究基于 Multi-Agent 的分时电价定价模型，分析不同的分时电价政策对家庭用电量、用电成本的影响。结果表明，当家庭的用电负荷属于基本负荷，并且难以转移至低谷时段时，峰谷分时电价的错峰效果有限，最高负荷降低的比例为 0.2%~1.4%。另外，当家庭的峰时用电比例较高时，峰谷分时电价往往会增加家庭的用电成本。为了取得更好的实施效果，峰谷分时电价需要根据家庭的用电特征，细化峰谷分时电价的时段划分，使用户有动力将峰时用电转移至其他时段。

与分时电价相比，基于成本和供求关系的实时电价是更有效率的定价方式，但是由于缺少实证数据，目前关于实时电价对中国家庭电力消费调节作用的研究较少。本书利用基于家庭 Agent 模型模拟得到的家庭 24 小时电力负荷数据，结合家庭电力需求响应问卷调查结果，构建基于 Multi-Agent 的实时电价定价模型，探索在四种不同需求响应情景下，实时电价机制对家庭电力消费的影响。基于负荷的实时电价可以调整家庭电力消费模式，起到错峰平谷的效果，也有助于节约总用电量和减少家庭的电费支出。随着智能电网的普及，实时电价可以考虑在居民中进行推广。但是，家庭对电价和电费支出变化的需求响应在很大程度上影响实时电价调整家庭用电负荷的效果，当考虑到部分家庭的需求刚性时，峰时负荷降低的比例显著减少。峰时负荷最大下降比例由 53%（情景 1）减少至 5%（情景 4）；峰时负荷平均下降比例由 34%（情景 1）减少至 2%（情景 4）。因此，在研究家庭电力消费的价格调节机制时，不能忽略家庭的需求响应差异。

根据第六章家庭问卷调查结果，影响家庭需求响应的因素主要包括两个：一是家庭的用电活动类型，二是家庭对用电价格和支出变化的承受能力。对于家庭的电力负荷类型来说，做饭活动的用电负荷是家庭最不愿意调整的，只有 39% 的家庭在电价上升可能调整其做饭活动用电（见表 6-7）。而娱乐和个人卫生活动的用电负荷与洗衣活动的用电负荷相比，前者更不易调整。因此，如果家庭的电力负荷更多来自做饭等活动，那么这部分家庭调整峰时用电需求的可能性就较小。为了解决这一问题，可以在未来研究中考虑基于储能的需求响应。已有研究表明，如果家庭拥有储能设备，家庭就可以在不调整用电行为的情况下将峰时电力负荷转移至谷时。当电价较低时，家庭可以用储能设备储存电能，然后在电价较高时使用储能设备的电（Zheng 等，2014）。需要注意的是，基于储能设备的需求响应要重点关注其成本与收益，研究其经济可行性（曾鸣等，2015）。在问卷调查中，家庭对"如果采用动态电价可以节省电费，即使这需要购买额外设备，我也会采用"表达了自己的态度，结果显示，只有27%的被调查者选择了"同意或者完全同意"。这表明当家庭采用动态电价需要支付额外成本购买设备时，多数家庭可能不会采用动态电价。因此，如果想让更多的家庭采用动态电价，额外购买设备的成本至少应被电费支出节约抵消。

家庭对价格和支出变化的承受能力也影响需求响应。当价格与初始价格相比上升的幅度较小时，只有少部分家庭会对价格做出响应，调整自己的用电需求。第六章的家庭问卷调查结果显示，当电价上升40%（0.1~0.2元/千瓦时）时，只有24%的家庭会考虑调整他们的用电活动，而40%的家庭不论价格上升多大比例都不会调整自己的用电活动（如表6-7所示）。这主要是因为家庭电费支出在家庭收入中所占的比例较小（5%以下），家庭不关注电价政策。在问卷调查中，请被调查家庭选择自己所在区域的电价"请选择您所在地区实行的电价政策"，结果显示45%以上的家庭不了解现行电价政策。因此，单纯的价格调节机制可能无法达到预期的错峰效果，实时电价应与其他干预措施配合使用。例如，向家庭宣传动态电价的节能环保效应。在问卷中，被调查家庭对"如果采用动态电价可以减少污染或节约能源，即使这会给我的生活带来不便，我也会采用"表达了自己的态度，结果显示47%的家庭选择了"同意或完全同意"。这表明，如果知道采用动态电价和改变电力消费行为可以减少环境污染或节约能源，将有更多的家庭选择动态电价。另外，已有研究表明，公共节电政策宣传和提高家庭环保意识宣传有助于促进家庭节电行为（Wang等，2011）。因此，在实施动态电价前可以提前做好宣传工作，让更多的家庭了解实行动态电价的好处。

为了更好地利用家庭电力需求响应资源，提高动态电价的调节效果，根据本书结果提出以下政策建议：首先，可以通过价格补贴等措施推广经济适用的家庭型储能设备。如果拥有储能设备，家庭就可以在不调整用电方式的情况下将峰时电力负荷转移至低谷时段，进而在不影响用户用电方式满意度的情况下达到错峰平谷目标。其次，在实施动态电价前提前做好宣传工作，让更多的家庭了解采用动态电价的好处。如果提前了解电价政策、了解采用动态电价和改变电力消费行为的节能环保作用，将有更多的家庭选择动态电价。

本书对基于多智能体的居民动态电价研究进行了初步尝试，得到了有意义的结论，但是还可以从以下几个方面进一步拓展：第一，分时电价的定价模型未对时段的划分进行探讨，而时段划分的合理性也会直接影响家庭对分时电价的需要响应，未来可以进一步扩展分时定价模型。第二，实时电价定价模型中供电方基于成本和负荷定价，随着中国电力市场的完善，可以借鉴欧美电力市场定价的经验，考虑基于发电企业边际成本和市场出清价格等定价方法。第三，家庭的电力负荷模型是以北方地区非夏季负荷为例，未来可以对夏季负荷进行探索，另外，还可以将本书构建的电力负荷模型应用到南方地区，从而更全面地考察动态电价对中国家庭电力消费的影响。第四，在家庭的电力负荷模型及需求响应模型中，未考虑家庭收入水平、受教育程度对电力需求价格弹性的影响，而已有研究表明，居民电力需求的价格弹性的绝对值与家庭收入负相关（Sun 和 Lin，2013；孙传旺，2014），未来可以将这些因素引入家庭的需求响应模型，使模型更接近实际情况。

附 录

附表 1 家用电器运行参数

电器	功率(瓦)					一个周期运行时间(分钟)	两个周期间隔时间(分钟)	每段运行时间			每天运行周期数(次)	每个工作周期用电量(千瓦时)	平均活动概率(每分钟)	电器使用概率	校准因子(每分钟)	匹配的活动
	运行	P1	P2	P3	待机			T1	T2	T3						
冰箱	110				0	18	36				22	0.03	1.00	1.00	0.037	无
电脑	140				5	138	0				3	0.32	0.14	1.00	0.015	娱乐活动
电视	120				3	138	0				3	0.28	0.14	1.00	0.015	娱乐活动
电磁炉	2000				1	22	0				2	0.73	0.06	0.59	0.015	做饭活动
电热水壶	1500				1	3	0				3	0.08	0.06	0.17	0.005	做饭活动
其他厨房电器	1000				2	3	0				1	0.05	0.06	0.21	0.002	做饭活动
洗衣机	400	73	400	150	1	48	0	18	24	6	0.5	0.32	0.02	0.85	0.012	洗衣活动
电热水器	2000				0	18	0				1	0.58	0.04	0.50	0.006	个人卫生活动
灯—客厅	100				0	138	0				3	0.23	0.14	1.00	0.015	娱乐活动
灯—厨房	50				0	22	0				3	0.02	0.06	1.00	0.027	做饭活动
灯—浴室	300				0	18	0				2	0.09	0.04	1.00	0.026	个人卫生活动
其他小电器	50				0	1440	0				1	1.20	1.00	1.00	1.000	无

附表 2　2008~2015 年发电导致的温室气体排放

单位：10 亿吨二氧化碳当量

年份 地区	2008	2009	2010	2011	2012	2013	2014	2015
北京	0.02	0.02	0.02	0.02	0.02	0.02	0.02	0.02
天津	0.04	0.04	0.05	0.06	0.06	0.06	0.05	0.05
河北	0.17	0.18	0.21	0.24	0.23	0.25	0.22	0.24
山西	0.17	0.17	0.22	0.24	0.25	0.25	0.24	0.22
内蒙古	0.26	0.26	0.29	0.39	0.41	0.38	0.40	0.39
辽宁	0.11	0.12	0.14	0.15	0.15	0.15	0.16	0.15
吉林	0.07	0.06	0.06	0.08	0.07	0.07	0.08	0.07
黑龙江	0.08	0.08	0.08	0.09	0.09	0.07	0.08	0.08
上海	0.07	0.07	0.08	0.08	0.07	0.08	0.07	0.07
江苏	0.24	0.23	0.27	0.31	0.33	0.35	0.32	0.34
浙江	0.15	0.16	0.17	0.19	0.18	0.18	0.17	0.17
安徽	0.10	0.12	0.13	0.13	0.16	0.18	0.18	0.17
福建	0.07	0.07	0.07	0.11	0.10	0.11	0.11	0.10
江西	0.04	0.05	0.06	0.06	0.06	0.07	0.07	0.07
山东	0.26	0.27	0.31	0.31	0.32	0.31	0.31	0.40
河南	0.19	0.19	0.22	0.25	0.24	0.25	0.24	0.23
湖北	0.06	0.06	0.08	0.10	0.08	0.09	0.09	0.09
湖南	0.05	0.06	0.07	0.09	0.07	0.08	0.07	0.06
广东	0.19	0.18	0.22	0.26	0.24	0.25	0.24	0.23
广西	0.03	0.04	0.05	0.06	0.06	0.07	0.06	0.05
海南	0.01	0.01	0.01	0.01	0.02	0.02	0.02	0.02
重庆	0.03	0.03	0.03	0.04	0.04	0.05	0.04	0.04
四川	0.06	0.06	0.06	0.06	0.06	0.07	0.06	0.04
贵州	0.08	0.10	0.10	0.10	0.10	0.10	0.09	0.08
云南	0.06	0.07	0.07	0.08	0.07	0.06	0.05	0.03
陕西	0.07	0.08	0.10	0.10	0.10	0.11	0.12	0.12
甘肃	0.04	0.04	0.06	0.07	0.07	0.07	0.07	0.06
青海	0.01	0.01	0.01	0.01	0.01	0.01	0.01	0.01
宁夏	0.05	0.05	0.06	0.10	0.10	0.10	0.10	0.10
新疆	0.04	0.05	0.05	0.07	0.10	0.13	0.17	0.19

附表 3　2008～2015 年 GDP、发电量以及相应的温室气体排放的变化（与 2008 年比较）

年份	GDP 变化（%）	发电量变化（%）	GHG 排放变化（%）
2008	—	—	—
2009	12	7	4
2010	26	23	20
2011	41	37	38
2012	56	45	37
2013	70	56	43
2014	85	62	39
2015	99	66	38

附表 4　2015 年基于生产和基于消费的温室气体排放

单位：百万吨二氧化碳当量

省际电网	基于生产的温室气体排放	基于消费的隐含温室气体排放
山东	396	451
内蒙古	393	254
江苏	340	369
河北	238	296
广东	231	273
河南	226	254
山西	216	157
新疆	191	169
安徽	170	135
浙江	167	194
辽宁	152	191
陕西	117	95
宁夏	98	73
福建	95	94
湖北	86	63
贵州	85	51

续表

省际电网	基于生产的温室气体排放	基于消费的隐含温室气体排放
黑龙江	82	77
吉林	71	65
江西	69	73
上海	68	86
甘肃	64	59
湖南	62	69
天津	52	75
广西	47	44
重庆	39	41
四川	37	25
云南	33	23
海南	18	19
北京	17	69
青海	12	17

附表5 内蒙古和山东基于生产和基于消费的温室气体排放

单位：百万吨二氧化碳当量

年份	内蒙古		山东	
	基于生产的温室气体排放	基于消费的隐含温室气体排放	基于生产的温室气体排放	基于消费的隐含温室气体排放
2008	255	151	258	258
2009	256	146	267	273
2010	287	169	307	324
2011	393	234	309	364
2012	413	233	317	380
2013	377	227	313	350
2014	397	258	314	357
2015	393	254	396	451

附表6　2008~2015年中国电力系统温室气体排放驱动因素的相对贡献

单位：百万吨二氧化碳当量

年份区间 分解因子	2008~ 2009	2009~ 2010	2010~ 2011	2011~ 2012	2012~ 2013	2013~ 2014	2014~ 2015	2008~ 2015
GDP 增长	311	382	402	377	352	308	283	2416
火力发电的燃料结构	-19	201	-27	4	49	-43	10	174
输电结构	0	1	16	-14	-13	-39	-10	-58
电力结构	28	-40	55	-155	1	-109	-103	-323
火力发电的能源效率	-91	-141	55	-44	-156	-89	-23	-488
GDP 的电力效率	-130	45	-2	-176	-62	-145	-178	-648
合计	100	449	500	-9	171	-118	-21	1071

附表7　中国六大区域电网

区域电网	省际电网
华北电网	北京
	天津
	河北
	山西
	山东
华东电网	上海
	江苏
	浙江
	安徽
	福建
华中电网	江西
	河南
	湖北
	湖南
	重庆
	四川

续表

区域电网	省际电网
	内蒙古
	辽宁
东北电网	吉林
	黑龙江
	陕西
	甘肃
西北电网	青海
	宁夏
	新疆
	广东
	广西
南方电网	海南
	贵州
	云南

附表8 2008~2015年六大区域电网基于消费的碳排放

单位：百万吨二氧化碳当量

年份	华北电网	华东电网	华中电网	东北电网	西北电网	南方电网
2008	719	647	422	433	207	364
2009	744	676	435	427	216	393
2010	888	759	515	478	252	448
2011	992	852	602	591	300	501
2012	1011	872	545	584	338	480
2013	1007	952	598	561	388	495
2014	981	896	556	597	405	449
2015	1048	878	525	588	413	410

附表 9　2008~2015 年六大区域电网温室气体排放驱动因素的相对贡献

单位：百万吨二氧化碳当量

分解因子	华北电网	华东电网	华中电网	东北电网	西北电网	南方电网
火力发电的燃料结构	78	30	21	19	7	18
火力发电的能源效率	−127	−85	−115	−53	−35	−73
电力结构	−49	−48	−40	−56	−24	−107
输电结构	−2	−42	−5	2	0	−11
GDP 增长	593	542	391	361	226	304
GDP 的电力效率	−164	−165	−149	−118	32	−84
合计	**329**	**232**	**103**	**155**	**206**	**46**

附表 10　2008~2015 年省级电网温室气体排放驱动因素的相对贡献

单位：百万吨二氧化碳当量

分解因子	北京	上海	湖北	内蒙古	新疆	广东
火力发电的燃料结构	−3	14	1	5	2	1
火力发电的能源效率	−13	−21	−13	−28	−14	−27
电力结构	−6	−4	14	−22	0	−34
输电结构	−2	−12	−2	1	0	−11
GDP 增长	42	50	46	154	63	169
GDP 的电力效率	−18	−29	−22	−6	77	−55
合计	**1**	**−2**	**24**	**103**	**129**	**42**

附表 11　电网温室气体排放驱动因素的相关研究总结

参考文献	研究视角	样本精确度（研究期间）	使用方法	因子的累计贡献 减少排放（−）/增加排放（+）	与本研究是否一致（是/否/未涉及（—））
Zhang et al.(2013)	发电侧	国家（1991~2009）	LMDI	火力发电的能源效率（−）	是
				GDP 的电力强度（−）	是
				电力结构（火力发电量在总发电量中所占比例）（−）	是
				化石能源的二氧化碳排放系数（−）	—
				火力发电的燃料结构（+）	是
				GDP（+）	是

续表

参考文献	研究视角	样本精确度（研究期间）	使用方法	因子的累计贡献 减少排放（-）/增加排放（+）	与本研究是否一致（是/否/未涉及（—））
Zhou et al.（2014）	发电侧	六大区域电网（2004~2010）	LMDI	发电的能源强度（-） 火力发电的燃料结构（-） 区域电网间电力交换（+） 能源的二氧化碳排放强度（+） 火电发电量（+）	是 是 — — —
Yan et al.（2016）	发电侧	六大区域电网（2000~2012）	LMDI	GDP 的能源效率（-） 火力发电的燃料结构（-） GDP（+） 人口，能源的二氧化碳排放强度（+）	是 是 是 —
Liu et al.（2017）	发电侧	省际电网（2000~2014）	LMDI	火力发电的能源效率（-） 火力发电的燃料结构（-） E 区域电网间电力交换（-） 电力结构（-）	是 是 — 是
Ma et al.（2019）	发电侧和消费侧	部门层面（2007，2012，2015）	IO—SDA	火力发电的燃料结构（-） 发电效率（-） 最终消费结构（+） 最终消费水平（+）	是 是 — 是

注：表中各因子的贡献是研究期间累计贡献。不同地区不同时期各因子的贡献不同。"-"代表本研究未涉及。

参考文献

［1］Aigner D. J., Sorooshian C., Kerwin P. Conditional demand analysis for estimating residential end-use load profiles ［J］. The Energy Journal, 1984, 5（3）: 81-97.

［2］Allcott H. Rethinking real-time electricity pricing ［J］. Resource and Energy Economics, 2011, 33（4）: 820-842.

［3］Allcott H. Social norms and energy conservation ［J］. Journal of Public Economics, 2011, 95（9-10）: 1082-1095.

［4］Auffhammer M., Wolfram C. D. Powering up China: Income distributions and residential electricity consumption ［J］. American Economic Review, 2014, 104（5）: 575-580.

［5］Aydinalp M., Ismet Ugursal V., Fung A. S. Modeling of the appliance, lighting, and space-cooling energy consumptions in the residential sector using neural networks ［J］. Applied Energy, 2002, 71（2）: 87-110.

［6］Baiocchi G., Minx J. C. Understanding changes in the UK's CO_2 emissions: A global perspective ［J］. Environmental Science & Technology, 2010, 44（4）: 1177-1184.

［7］Barbose G., Goldman C., Neenan B. A. Survey of utility experience with real time pricing ［J］. Lawrence Berkeley National Laboratory, 2004.

［8］Bartels R., Fiebig D. G., Garben M., et al. An end-use electricity load simulation model: Delmod ［J］. Utilities Policy, 1992, 2（1）: 71-82.

［9］Bartusch C., Wallin F., Odlare M., et al. Introducing a demand-based electricity distribution tariff in the residential sector: Demand response and customer perception [J]. Energy Policy, 2011, 39 (9): 5008-5025.

[10] Bin S., Dowlatabadi H. Consumer lifestyle approach to US energy use and the related CO_2 emissions [J]. Energy Policy, 2005, 33 (2): 197-208.

[11] Borenstein S. Effective and equitable adoption of opt-in residential dynamic electricity pricing [J]. Review of Industrial Organization, 2013, 42 (2SI): 127-160.

[12] Borenstein S. Equity effects of increasing-block electricity pricing [D]. Berkeley: University of California, 2008.

[13] Borenstein S. The long-run efficiency of real-time electricity pricing [J]. Energy Journal, 2005, 26 (3): 93-116.

[14] Bower J., Bunn D. W. Model-based comparisons of pool and bilateral markets for electricity [J]. Energy Journal, 2000, 21 (3): 1-29.

[15] BP. BP statistical review of world energy [R]. [EB/OR]. BP, 2014.

[16] Bunn D. W., Oliveira F. S. Agent-based simulation: An application to the new electricity trading arrangements of England and Wales [J]. IEEE Transactions on Evolutionary Computation, 2001, 5 (5): 493-503.

[17] Capasso A., Grattieri W., Lamedica R., et al. A bottom-up approach to residential load modeling [J]. IEEE Transactions on Power Systems, 1994, 9 (2): 957-964.

[18] Caves D. W., Christensen L. R, Herriges J. A. Consistency of residential customer response in time-of-use electricity pricing experiments [J]. Journal of Econometrics, 1984, 26 (1-2): 179-203.

[19] Caves D. W., Christensen L. R. Econometric analysis of residential time-of-use electricity pricing experiments [J]. Journal of Econometrics, 1980, 14 (3): 287-306.

[20] Chen J., Wang X., Steemers K. A statistical analysis of a residential energy consumption survey study in Hangzhou, China [J]. Energy and Buildings, 2013, 66: 193-202.

[21] Conejo A. J., Morales J. M., Baringo L. Real-time demand response model [J]. IEEE Transactions on Smart Grid, 2010, 1 (3): 236-242.

[22] Conzelmann G., Boyd G., Koritarov V., et al. Multi-agent power market

simulation using EMCAS [M] //IEEE Power Engineering Society General Meeting. New York: IEEE, 2005: 2829-2834.

[23] Corradi O., Ochsenfeld H., Madsen H., et al. Controlling electricity consumption by forecasting its response to varying prices [J]. IEEE Transactions on Power Systems, 2013, 28 (1): 421-429.

[24] Darby S. J., McKenna E. Social implications of residential demand response in cool temperate climates [J]. Energy Policy, 2012, 49: 759-769.

[25] Dietzenbacher E., Los B. Structural decomposition techniques: sense and sensitivity [J]. Economic Systems Research, 1998, 10 (4): 307-324.

[26] Dütschke E, Paetz A. Dynamic electricity pricing: Which programs do consumers prefer [J]. Energy Policy, 2013, 59: 226-234.

[27] EIA. Monthly Energy Review [EB/OR]. EIA, 2017.

[28] Faruqui A., George S. S. The value of dynamic pricing in mass markets [J]. The Electricity Journal, 2002 (7): 45-55.

[29] Faruqui A., George S. Quantifying customer response to dynamic pricing [J]. The Electricity Journal, 2005, 18 (4): 53-63.

[30] Faruqui A., Sergici S., Akaba L. Dynamic pricing of electricity for residential customers: the evidence from Michigan [J]. Energy Efficiency, 2013, 6 (3): 571-584.

[31] Faruqui A., Sergici S. Dynamic pricing of electricity in the mid-Atlantic region: econometric results from the Baltimore gas and electric company experiment [J]. Journal of Regulatory Economics, 2011, 40 (1): 82-109.

[32] Faruqui A., Sergici S. Household response to dynamic pricing of electricity: A survey of 15 experiments [J]. Journal of Regulatory Economics, 2010, 38 (2): 193-225.

[33] Feng K., Davis S. J., Sun L., et al. Drivers of the US CO_2 emissions 1997-2013 [J]. Nature Communications, 2015 (6): 7714.

[34] Gilbraith N., Powers S. E. Residential demand response reduces air pollutant emissions on peak electricity demand days in New York City [J]. Energy Policy, 2013 (59): 459-469.

［35］ Grandjean A., Adnot J., Binet G. A review and an analysis of the residential electric load curve models ［J］. Renewable and Sustainable Energy Reviews, 2012, 16 (9): 6539-6565.

［36］ Guan D. B., Hubacek K., Tillotson M., et al. Lifting China's Water Spell ［J］. Environmental Science & Technology, 2014, 48 (19): 11048-11056.

［37］ Halicioglu F. Residential electricity demand dynamics in Turkey ［J］. Energy Economics, 2007, 29 (2): 199-210.

［38］ Hargreaves T., Nye M., Burgess J. Keeping energy visible? Exploring how householders interact with feedback from smart energy monitors in the longer term ［J］. Energy Policy, 2013, 52: 126-134.

［39］ Hargreaves T., Nye M., Burgess J. Making energy visible: A qualitative field study of how householders interact with feedback from smart energy monitors ［J］. Energy Policy, 2010, 38 (10): 6111-6119.

［40］ He Y. X., Wang B., Wang J. H., et al. Residential demand response behavior analysis based on Monte Carlo simulation: The case of Yinchuan in China ［J］. Energy, 2012, 47 (1): 230-236.

［41］ He Y. X., Zhang J. X. Real-time electricity pricing mechanism in China based on system dynamics ［J］. Energy Conversion and Management, 2015, 94: 394-405.

［42］ He Y., Liu Y., Wang J., et al. Low-carbon-oriented dynamic optimization of residential energy pricing in China ［J］. Energy, 2014, 66: 610-623.

［43］ Herter K. Residential implementation of critical-peak pricing of electricity ［J］. Energy Policy, 2007, 35 (4): 2121-2130.

［44］ Hertwich E. G., Peters G. P. Carbon footprint of nations: A global, trade-linked analysis ［J］. Environmental Science & Technology, 2009, 43 (16): 6414-6420.

［45］ Hu Z. G., Yuan J. H., Hu Z. Study on China's low carbon development in an Economy-Energy-Electricity-Environment framework ［J］. Energy Policy, 2011, 39 (5): 2596-2605.

［46］ Hu Z., Tan X., Xu Z. China's economy and electricity demand outlook for

2050 [M]//An Exploration into China's Economic Development and Electricity Demand by the Year 2050. Oxford: Elsevier, 2014: 161-178.

[47] Hu Z., Tan X., Yang F., et al. Integrated resource strategic planning: Case study of energy efficiency in the Chinese power sector [J]. Energy Policy, 2010, 38 (11): 6391-6397.

[48] Ito K. Do consumers respond to marginal or average price? Evidence from non-linear electricity pricing [J]. American Economic Review, 2014, 104 (2): 537-563.

[49] Ji L., Liang S., Qu S., et al. Greenhouse gas emission factors of purchased electricity from interconnected grids [J]. Applied Energy, 2016, 184: 751-758.

[50] Jones R. V., Fuertes A., Lomas K. J. The socio-economic, dwelling and appliance related factors affecting electricity consumption in domestic buildings [J]. Renewable and Sustainable Energy Reviews, 2015, 43: 901-917.

[51] Kavousian A., Rajagopal R., Fischer M. Determinants of residential electricity consumption: Using smart meter data to examine the effect of climate, building characteristics, appliance stock, and occupants' behavior [J]. Energy, 2013, 55: 184-194.

[52] Kodra E., Sheldon S., Dolen R., et al. The north American electric grid as an exchange network: An approach for evaluating energy resource composition and greenhouse gas mitigation [J]. Environmental Science & Technology, 2015, 49 (22): 13692-13698.

[53] Kowalska-Pyzalska A., Maciejowska K., Suszczyński K., et al. Turning green: Agent-based modeling of the adoption of dynamic electricity tariffs [J]. Energy Policy, 2014, 72: 164-174.

[54] Liang S., Liu Z., Crawford-Brown D., et al. Decoupling analysis and socio-economic drivers of environmental pressure in China [J]. Environmental Science & Technology, 2014, 48 (2): 1103-1113.

[55] Liang S., Wang H. X., Qu S., et al. Socioeconomic drivers of greenhouse gas emissions in the United States [J]. Environmental Science & Technology, 2016, 50 (14): 7535-7545.

[56] Liang S., Wang Y., Zhang T., et al. Structural analysis of material flows in

China based on physical and monetary input-output models [J]. Journal of Cleaner Production, 2017, 158: 209-217.

[57] Liang S., Xu M., Liu Z., et al. Socioeconomic drivers of mercury emissions in China from 1992 to 2007 [J]. Environmental Science Technology, 2013, 47 (7): 3234-3240.

[58] Liang S., Zhang T. Investigating reasons for differences in the results of environmental, physical, and hybrid input-output models [J]. Journal of Industrial Ecology, 2013, 17 (3): 432-439.

[59] Liang S., Zhang T. What is driving CO_2 emissions in a typical manufacturing center of South China? Take the Case of Jiangsu Province [J]. Energy Policy, 2011, 39 (11): 7078-7083.

[60] Lin B., Liu X. Electricity tariff reform and rebound effect of residential electricity consumption in China [J]. Energy, 2013, 59: 240-247.

[61] Liu L. C., Fan Y., Wu G., et al. Using LMDI method to analyzed the change of China's industrial CO_2 emissions from final fuel use: An empirical analysis [J]. Energy Policy, 2007, 35 (11): 5892-5900.

[62] Liu L. J., Liang Q. M. Changes to pollutants and carbon emission multipliers in China 2007-2012: An input-output structural decomposition analysis [J]. Journal of Environmental Management, 2017, 203: 76-86.

[63] Liu N., Ma Z., Kang J. A regional analysis of carbon intensities of electricity generation in China [J]. Energy Economics, 2017, 67: 268-277.

[64] Liu Y. N., Gao Y. X., Hao Y., et al. The relationship between residential electricity consumption and income: A piecewise linear model with panel data [J]. Energies, 2016, 9 (10): 831.

[65] Lujano-Rojas J. M., Monteiro C., Dufo-Lopez R., et al. Optimum residential load management strategy for real time pricing (RTP) demand response programs [J]. Energy Policy, 2012, 45: 671-679.

[66] Ma J., Du G., Xie B. CO_2 emission changes of China's power generation system: Input-output subsystem analysis [J]. Energy Policy, 2019, 124: 1-12.

[67] Ming Z., Song X., Lingyun L., et al. China's large-scale power shortages of 2004 and 2011 after the electricity market reforms of 2002: Explanations and differences [J]. Energy Policy, 2013, 61: 610-618.

[68] Minx J. C., Baiocchi G., Peters G. P., et al. A "carbonizing dragon": China's fast growing CO_2 emissions revisited [J]. Environmental Science & Technology, 2011, 45 (21): 9144-9153.

[69] Muratori M., Roberts M. C., Sioshansi R., et al. A highly resolved modeling technique to simulate residential power demand [J]. Applied Energy, 2013, 107 (0): 465-473.

[70] NDRC. The opinions about accelerating shutting down small thermal power units (in Chinese) [R]. NDRC, 2006.

[71] NDRC. The opinions about implementing ten key energy conservation projects in the 11 th five-year plan period (in Chinese) [R]. NDRC, 2006.

[72] NDRC. The top-1000 energy-consuming enterprises program (in Chinese) [R]. NDRC, 2006.

[73] NDRC. The top-10000 energy-consuming enterprises program (in Chinese) [R]. NDRC, 2011.

[74] Newsham G. R., Bowker B. G. The effect of utility time-varying pricing and load control strategies on residential summer peak electricity use: A review [J]. Energy Policy, 2010, 38 (7): 3289-3296.

[75] NPC. The eleventh five-year plan for national economy and social development of the people's republic of China (in Chinese) [R]. NPC, 2006.

[76] NPC. The twelfth five - year plan for national economy and social development of the people's republic of China (in Chinese) [R]. NPC, 2011.

[77] O Connell N., Pinson P., Madsen H., et al. Benefits and challenges of electrical demand response: A critical review [J]. Renewable and Sustainable Energy Reviews, 2014, 39: 686-699.

[78] Olivier J., Janssens-Maenhout G., Marilena M. Trends in global CO_2 emissions 2013 report [R]. PBL Netherlands Environmental Assessment Agency, 2013.

［79］ Ouyang J., Hokao K. Energy-saving potential by improving occupants' behavior in urban residential sector in Hangzhou City, China ［J］. Energy and Buildings, 2009, 41 (7): 711-720.

［80］ Paatero J. V., Lund P. D. A model for generating household electricity load profiles ［J］. International Journal of Energy Research, 2006, 30 (5): 273-290.

［81］ Peters G. P., Weber C. L., Guan D., et al. China's growing CO_2 emissions: A race between increasing consumption and efficiency gains ［J］. Environmental Science & Technology, 2007, 41 (17): 5939-5944.

［82］ Qu S., Liang S., Xu M. CO_2 emissions embodied in interprovincial electricity transmissions in China ［J］. Environmental Science & Technology, 2017, 51 (18): 10893-10902.

［83］ Qu S., Wang H., Liang S., et al. A quasi-input-output model to improve the estimation of emission factors for purchased electricity from interconnected grids ［J］. Applied Energy, 2017, 200: 249-259.

［84］ Reiss P. C., White M. W. Household electricity demand, revisited ［J］. Review of Economic Studies, 2005, 72 (3): 853-883.

［85］ Reiss P. C., White M. W. What changes energy consumption? Prices and public pressures ［J］. The RAND Journal of Economics, 2008, 39 (3): 636-663.

［86］ Richardson I., Thomson M., Infield D., et al. Domestic electricity use: A high-resolution energy demand model ［J］. Energy and Buildings, 2010, 42 (10): 1878-1887.

［87］ Richardson I., Thomson M., Infield D., et al. Domestic lighting: A high-resolution energy demand model ［J］. Energy and Buildings, 2009, 41 (7): 781-789.

［88］ Richardson I., Thomson M., Infield D. A high-resolution domestic building occupancy model for energy demand simulations ［J］. Energy and Buildings, 2008, 40 (8): 1560-1566.

［89］ Roman-Collado R., Colinet M. J. Are labour productivity and residential living standards drivers of the energy consumption changes ［J］. Energy Economics,

2018, 74: 746-756.

[90] Roscoe A. J., Ault G. Supporting high penetrations of renewable generation via implementation of real-time electricity pricing and demand response [J]. IET Renewable Power Generation, 2010, 4 (4): 369-382.

[91] Salies E. Real-time pricing when some consumers resist in saving electricity [J]. Energy Policy, 2013, 59: 843-849.

[92] Sandels C., Widén J., Nordström L. Forecasting household consumer electricity load profiles with a combined physical and behavioral approach [J]. Applied Energy, 2014, 131: 267-278.

[93] Schipper L., Bartlett S., Hawk D., et al. Linking life-styles and energy use: a matter of time [J]. Annual Review of Energy, 1989 (14): 271-320.

[94] Shrestha R. M., Anandarajah G., Liyanage M. H. Factors affecting CO_2 emission from the power sector of selected countries in Asia and the Pacific [J]. Energy Policy, 2009, 37 (6): 2375-2384.

[95] Sioshansi R., Short W. Evaluating the impacts of real-time pricing on the usage of wind generation [J]. IEEE Transactions on Power Systems, 2009, 24 (2): 516-524.

[96] Sioshansi R. Evaluating the impacts of real-time pricing on the cost and value of wind generation [J]. IEEE Transactions on Power Systems, 2010, 25 (2): 741-748.

[97] Spees K., Lave L. Impacts of responsive load in PJM: Load shifting and real time pricing [J]. Energy Journal, 2008, 29 (2): 101-121.

[98] Strbac G. Demand side management: Benefits and challenges [J]. Energy Policy, 2008, 36 (12SI): 4419-4426.

[99] Sun C. W., Lin B. Q. Reforming residential electricity tariff in China: Block tariffs pricing approach [J]. Energy Policy, 2013, 60: 741-752.

[100] Sun C. W., Ouyang X. L. Price and expenditure elasticities of residential energy demand during urbanization: An empirical analysis based on the household-level survey data in China [J]. Energy Policy, 2016, 88: 56-63.

［101］ Tajudeen I. A., Wossink A., Banerjee P. How significant is energy efficiency to mitigate CO_2 emissions? Evidence from OECD countries ［J］. Energy Economics, 2018, 72: 200-221.

［102］ The White House. U. S. - China joint announcement on climate change ［R］. The White House, 2014.

［103］ The World Bank. World development indicators: population ［R］. The World Bank, 2016.

［104］ Thorsnes P., Williams J., Lawson R. Consumer responses to time varying prices for electricity ［J］. Energy Policy, 2012, 49: 552-561.

［105］ Torriti J. A review of time use models of residential electricity demand ［J］. Renewable and Sustainable Energy Reviews, 2014, 37: 265-272.

［106］ Torriti J. Price-based demand side management: Assessing the impacts of time-of-use tariffs on residential electricity demand and peak shifting in Northern Italy ［J］. Energy, 2012, 44 (1): 576-583.

［107］ UNFCCC. The copenhagen accord, appendix II: Nationally appropriate mitigation actions of developing country Parties ［R］. 2010.

［108］ Walker C. F., Pokoski J. L. Residential Load Shape Modelling Based on Customer Behavior ［J］. IEEE Transactions on Power Apparatus & Systems, 1985, PAS-104 (7): 1703-1711.

［109］ Wang H. M., Tian X., Tanikawa H., et al. Exploring China's materialization process with economic transition: Analysis of raw material consumption and its socioeconomic drivers ［J］. Environmental Science & Technology, 2014, 48 (9): 5025-5032.

［110］ Wang H., Ang B. W., Su B. A multi-region structural decomposition analysis of global CO_2 Emission Intensity ［J］. Ecological Economics, 2017, 142: 163-176.

［111］ Wang Y., Zhao H., Li L., et al. Carbon dioxide emission drivers for a typical metropolis using input-output structural decomposition analysis ［J］. Energy Policy, 2013, 58: 312-318.

［112］ Wang Z, Zhang B, Yin J, et al. Determinants and policy implications for household electricity – saving behaviour: Evidence from Beijing, China [J]. Energy Policy, 2011, 39 (6): 3550-3557.

[113] Wei J., Huang K., Yang S. S., et al. Driving forces analysis of energy-related carbon dioxide (CO_2) emissions in Beijing: An input-output structural decomposition analysis [J]. Journal of Cleaner Production, 2017, 163: 58-68.

[114] Widén J., Lundh M., Vassileva I., et al. Constructing load profiles for household electricity and hot water from time-use data: Modelling approach and validation [J]. Energy and Buildings, 2009, 41 (7): 753-768.

[115] Widén J., Wäckelgård E. A high-resolution stochastic model of domestic activity patterns and electricity demand [J]. Applied Energy, 2010, 87 (6): 1880-1892.

[116] Wolak F. A. Do residential customers respond to hourly prices? Evidence from a dynamic pricing experiment [J]. American Economic Review, 2011, 101 (3): 83-87.

[117] Wolak F. A. Residential customer response to real-time pricing: The anaheim critical-peak pricing experiment [J]. Center for the Study of Energy Markets, 2006.

[118] Woo C. K., Li R., Shiu A., et al. Residential winter kWh responsiveness under optional time-varying pricing in British Columbia [J]. Applied Energy, 2013, 108: 288-297.

[119] World Bank. World Development Indicators [Z]. Washington, DC, USA: The World Bank, 2017.

[120] WRI. Getting every ton of emissions right: An analysis of emission factors for purchased electricity in China [R]. World Resources Institute, 2013.

[121] Xie B. C., Fan Y., Qu Q. Q. Does generation form influence environmental efficiency performance? An analysis of China's power system [J]. Applied Energy, 2012, 96: 261-271.

[122] Xu Y. J., Huang K., Yu Y. J., et al. Changes in water footprint of crop production in Beijing from 1978 to 2012: A logarithmic mean Divisia index decomposi-

tion analysis [J]. Journal of Cleaner Production, 2015, 87: 180-187.

[123] Yan Q., Zhang Q., Zou X. Decomposition analysis of carbon dioxide emissions in China's regional thermal electricity generation, 2000 - 2020 [J]. Energy, 2016, 112: 788-794.

[124] Yao R., Steemers K. A method of formulating energy load profile for domestic buildings in the UK [J]. Energy and Buildings, 2005, 37 (6): 663-671.

[125] Yoon J. H., Bladick R., Novoselac A. Demand response for residential buildings based on dynamic price of electricity [J]. Energy and Buildings, 2014, 80: 531-541.

[126] Yousefi S., Moghaddam M. P., Majd V. J. Optimal real time pricing in an agent-based retail market using a comprehensive demand response model [J]. Energy, 2011, 36 (9): 5716-5727.

[127] Yuan J., Xu Y., Kang J., et al. Nonlinear integrated resource strategic planning model and case study in China's power sector planning [J]. Energy, 2014, 67: 27-40.

[128] Zachariadis T., Pashourtidou N. An empirical analysis of electricity consumption in Cyprus [J]. Energy Economics, 2007, 29 (2): 183-198.

[129] Zeng M., Xue S., Ma M. J., et al. Historical review of demand side management in China: Management content, operation mode, results assessment and relative incentives [J]. Renewable & Sustainable Energy Reviews, 2013, 25: 470-482.

[130] Zhang C., Anadon L. D., Mo H. P., et al. Water-carbon trade-off in China's coal power industry [J]. Environmental Science & Technology, 2014, 48 (19): 11082-11089.

[131] Zhang C., Zhong L., Liang S., et al. Virtual scarce water embodied in inter-provincial electricity transmission in China [J]. Applied Energy, 2017, 187: 438-448.

[132] Zhang N., Kong F. B., Choi Y., et al. The effect of size-control policy on unified energy and carbon efficiency for Chinese fossil fuel power plants [J]. Energy Policy, 2014, 70: 193-200.

[133] Zheng M. L., Meinrenken C. J., Lackner K. S. Agent-based model for e-

lectricity consumption and storage to evaluate economic viability of tariff arbitrage for residential sector demand response [J]. Applied Energy, 2014, 126: 297-306.

[134] Zheng S., Wang R., Glaeser E. L., et al. The greenness of China: Household carbon dioxide emissions and urban development [J]. Journal of Economic Geography, 2011, 11 (5): 761-792.

[135] Zheng X., Wei C., Qin P., et al. Characteristics of residential energy consumption in China: Findings from a household survey [J]. Energy Policy, 2014, 75: 126-135.

[136] Zheng Y., Hu Z., Wang J., et al. IRSP (integrated resource strategic planning) with interconnected smart grids in integrating renewable energy and implementing DSM (demand side management) in China [J]. Energy, 2014, 76: 863-874.

[137] Zhou G., Chung W., Zhang Y. Carbon dioxide emissions and energy efficiency analysis of China's regional thermal electricity generation [J]. Journal of Cleaner Production, 2014, 83: 173-184.

[138] Zhou N., Levine M. D., Price L. Overview of current energy-efficiency policies in China [J]. Energy Policy, 2010, 38 (11): 6439-6452.

[139] Zhou S. J., Teng F. Estimation of urban residential electricity demand in China using household survey data [J]. Energy Policy, 2013, 61: 394-402.

[140] 北京大学中国社会科学调查中心. 中国民生发展报告 [M]. 北京: 北京大学出版社, 2012.

[141] 曾鸣, 张晓虎, 何科雷, 等. 基于分布式算法的实时电价策略研究 [J]. 水电能源科学, 2015 (1): 194-199.

[142] 曾勇. 基于智能电网的实时电价研究 [D]. 重庆: 重庆大学硕士学位论文, 2011.

[143] 丁宁, 吴军基, 邹云. 基于 DSM 的峰谷时段划分及分时电价研究 [J]. 电力系统自动化, 2001 (23): 9-12.

[144] 丁伟, 袁家海, 胡兆光. 基于用户价格响应和满意度的峰谷分时电价决策模型 [J]. 电力系统自动化, 2005 (20): 14-18.

[145] 杜运伟, 黄涛珍, 康国定. 基于微观视角的城市家庭碳排放特征及影响因素研究——来自江苏城市家庭活动的调查数据 [J]. 人口与经济, 2015 (2): 30-39.

[146] 高赐威, 陈曦寒, 陈江华, 等. 我国电力需求响应的措施与应用方法 [J]. 电力需求侧管理, 2013 (1): 1-4.

[147] 国家统计局能源司. 中国能源统计年鉴 2014 [M]. 北京: 中国统计出版社, 2015.

[148] 黄海涛, 吴洁晶, 顾丹珍, 等. 计及负荷率分档的峰谷分时电价定价模型 [J]. 电力系统保护与控制, 2016 (14): 122-129.

[149] 黄海涛, 吴洁晶. 负荷率电价及其选择性实现途径 [J]. 价格理论与实践, 2015 (6): 34-36.

[150] 康重庆, 江健健, 夏清. 基于智能个体信念学习的电力市场模拟的理论框架 [J]. 电网技术, 2005 (12): 10-15.

[151] 李晖, 康重庆, 夏清. 考虑用户满意度的需求侧管理价格决策模型 [J]. 电网技术, 2004 (23): 1-6.

[152] 李蒙, 王静, 胡兆光. 用电负荷率同供电煤耗关系的定量分析 [J]. 中国电力, 2005 (11): 40-42.

[153] 李扬, 王治华, 卢毅, 等. 峰谷分时电价的实施及大工业用户的响应 [J]. 电力系统自动化, 2001 (8): 45-48.

[154] 李治, 李培, 郭菊娥, 等. 城市家庭碳排放影响因素与跨城市差异分析 [J]. 中国人口·资源与环境, 2013 (10): 87-94.

[155] 林伯强, 蒋竺均, 林静. 有目标的电价补贴有助于能源公平和效率 [J]. 金融研究, 2009 (11): 1-18.

[156] 林伯强. 电力短缺、短期措施与长期战略 [J]. 经济研究, 2004 (3): 28-36.

[157] 刘继东. 电力需求侧响应的效益评估与特性分析 [D]. 山东: 山东大学博士学位论文, 2013.

[158] 刘思强, 姚军, 叶泽. 我国销售电价交叉补贴方式及改革措施——基于上海市电力户控数据的实证分析 [J]. 价格理论与实践, 2015 (8): 26-28.

［159］刘长松．如何完善居民用电价格机制［J］．中国社会科学院研究生院学报，2011（5）：73-80．

［160］罗运虎，邢丽冬，王勤，等．峰谷分时电价用户响应建模与定价决策综述［J］．华东电力，2008（6）：24-27．

［161］米红，任正委．家庭户电力消费的年龄性别模式与节电减排的政策选择［J］．人口研究，2014（4）：37-49．

［162］齐放，魏玢，张粒子，等．我国销售电价交叉补贴问题研究［J］．电力需求侧管理，2009（6）：16-19．

［163］秦瑞杰，解燕．对百户上海市居民峰谷分时电价实施效果的调查分析［J］．价格理论与实践，2006（7）：17-18．

［164］阙光辉．销售电价：交叉补贴、国际比较与改革［J］．电力技术经济，2003（2）：24-27．

［165］邵伟明．宁波居民实行峰谷电价试点分析［J］．华东电力，2003，31（3）：48-49．

［166］施建锁．浙江推广居民峰谷电价的成效［J］．电力需求侧管理，2006，8（3）：48-49．

［167］施泉生，谢辉．上海市居民实行峰谷分时电价的前景分析［J］．电力技术经济，2001（6）：20-23．

［168］孙传旺．阶梯电价改革是否实现了效率与公平的双重目标［J］．经济管理，2014（8）：156-167．

［169］孙素苗．两部制负荷率电价体系的设计及应用［J］．宁夏电力，2015（5）：20-23．

［170］谈金晶，王蓓蓓，李扬．基于多智能体的用户分时电价响应模型［J］．电网技术，2012（2）：257-263．

［171］谭真勇．负荷率电价的理论依据、计算方法与政策选择［D］．湖南：湖南大学博士学位论文，2013．

［172］唐捷，胡秀珍，任震，等．峰谷分时电价定价模型研究［J］．电力需求侧管理，2007（3）：12-15．

［173］王冬容．电力需求侧响应理论与实证研究［D］．北京：华北电力大

学（北京）博士学位论文，2011.

　　［174］王冬容．激励型需求侧响应在美国的应用［J］．电力需求侧管理，2010（1）：74-77.

　　［175］吴立军，曾繁华．居民用电的阶梯定价方案及节能效果研究［J］．统计与决策，2012（5）：55-58.

　　［176］熊虎岗，程浩忠，章文俊，等．峰谷分时电价对上海市居民用户用电特性影响分析［J］．电力需求侧管理，2006，8（6）：17-20.

　　［177］徐敏杰，胡兆光．基于 Agent 的经济政策对电力消费影响模拟实验［J］．系统管理学报，2011（5）：539-548.

　　［178］徐敏杰．智能工程及其在电力供需分析与预警中的应用［D］．北京：北京交通大学博士学位论文，2008.

　　［179］徐永丰，吴洁晶，黄海涛，等．考虑负荷率的峰谷分时电价模型［J］．电力系统保护与控制，2015（23）：96-103.

　　［180］杨娟．完善峰谷电价与尖峰电价机制缓解电力供求矛盾［J］．中国物价，2012（2）：23-27.

　　［181］杨选梅，葛幼松，曾红鹰．基于个体消费行为的家庭碳排放研究［J］．中国人口·资源与环境，2010（5）：35-40.

　　［182］姚赛．考虑负荷率因素的销售电价模型及应用［D］．湖南：长沙理工大学硕士学位论文，2014.

　　［183］叶泽，姚赛．我国推行负荷率电价的研究［J］．价格理论与实践，2014（5）：44-46.

　　［184］易文，刘志祥．大工业用户运用峰谷电价参与电网削峰填谷的实践［J］．电力需求侧管理，2003（6）：25-28.

　　［185］殷树刚，张宇，拜克明．基于实时电价的智能用电系统［J］．电网技术，2009（19）：11-16.

　　［186］赵娟，谭忠富，李强．我国峰谷分时电价的状况分析［J］．现代电力，2005（2）：82-85.

　　［187］中华人民共和国国家统计局．中国统计年鉴 2016［M］．北京：中国统计出版社，2016.